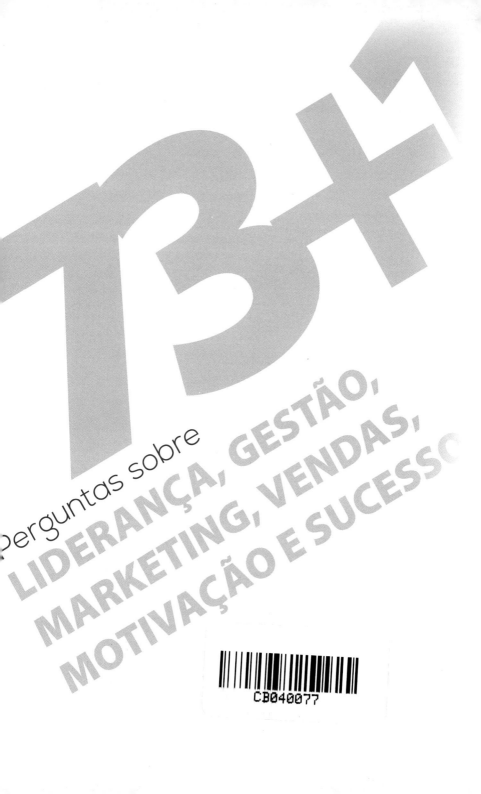

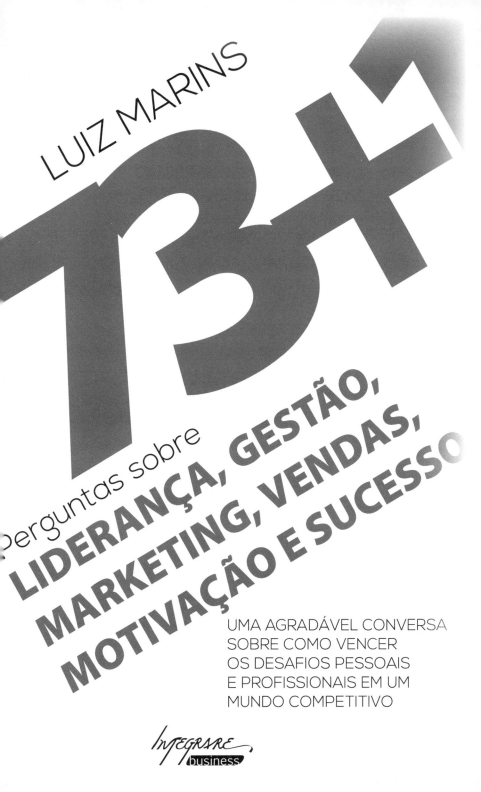

Copyright © 2016 Luiz Marins
Copyright © 2016 Integrare Editora e Livraria Ltda.

Publisher
Luciana M. Tiba

Editor
André Luiz M. Tiba

Coordenação e produção editorial
Estúdio Ciça Reis Comunicação

Copidesque
Rosemarie Cordioli

Revisão
Rafaela Silva e Pedro Japiassu

Projeto gráfico e diagramação
Gerson Reis

Capa
Q-pix – Estúdio de criação – Renato Sievers

Foto da 4ª capa
Nicole Ciscato

Dados Internacionais de Catalogação na Publicação (CIP)
Angélica Ilacqua CRB-8/7057

Marins, Luiz
73+1 perguntas sobre liderança, gestão, marketing, vendas, motivação e sucesso: uma agradável conversa sobre como vencer os desafios pessoais e profissionais em um mundo competitivo / Luiz Marins. - São Paulo : Integrare, 2016.
224 p.

ISBN: 978-85-8211-075-1

1. Administração de empresas 2. Liderança 3. Marketing 4. Vendas 5. Motivação no trabalho 6. Sucesso nos negócios 7. Mercado de trabalho 8. Administração de pessoal I. Título

16-0310	CDD 658.4

Índices para catálogo sistemático:
1. Administração de empresas
2. Mercado de trabalho – Aspectos psicológicos

Todos os direitos reservados à

INTEGRARE EDITORA E LIVRARIA LTDA.
Rua Tabapuã, 1123, 7º andar, conj. 71/74
CEP 04533-014 – São Paulo – SP – Brasil
Tel. (55) (11) 3562-8590
Visite nosso site: www.integrareeditora.com.br

APRESENTAÇÃO

Diante de um mundo de profundas e continuadas mudanças, o que fazer? Como ser vitorioso? Como se motivar? Quais os fatores que impedem o sucesso? Como enfrentá-los? E os fatores que levam ao sucesso? Como potencializá-los? Como isolar o "vírus" do medo de vencer? Que ações delimitam o sucesso do fracasso? Quais as atitudes, os hábitos e os principais comportamentos das pessoas bem-sucedidas? O que dizem os "gurus" de marketing e vendas num mundo competitivo? O que é *mindfulness* e por que virou a grande coqueluche dos executivos? É preciso levantar, responder e saber pôr em prática estas relevantes questões... A propósito, caro leitor, você, algum dia, já se perguntou por que algumas pessoas

– apesar de todo esforço – não conseguem ter sucesso? Qual a causa fundamental do fracasso? Quem é o principal culpado? A própria pessoa?

Atitudes, comportamentos e uma verdadeira postura proativa são cruciais para ser bem-sucedido. Agora, mais do que nunca, vivemos num mundo hipercompetitivo (pessoal e empresarial). Este livro o ajudará a entender importantes conceitos para enfrentar a realidade em que vivemos, e sair vitorioso.

Luiz Marins
Verão 2015

SUMÁRIO

1 Vivemos, hoje, em um mundo globalizado, onde presenciamos uma crescente competição entre pessoas e empresas. Como viver, com saúde física e mental, em meio a tanta competição?. 17

2 Competir é inerente aos seres vivos? Sem competição não haveria progresso, desenvolvimento?. 24

3 É preciso temer a concorrência? Quem precisa ter medo da concorrência?. 29

4 Planejar ou não planejar. É verdade que no Brasil o certo é se atirar da janela e depois ver como irá cair?. 32

5 É realmente possível aumentar a empregabilidade? O que é isso? Como fazer? 35

6 Acabou o emprego seguro e permanente? Empregabilidade e serviço público 37

73 + 1 PERGUNTAS

7 Viver é trabalhar? Qual o papel do trabalho na vida? Viver para trabalhar ou trabalhar para viver? É possível ter prazer no trabalho?. 40

8 Qual, afinal, o futuro do emprego? 42

9 Onde encontrar a motivação para ser um vencedor num mundo competitivo?. 46

10 Você costuma afirmar: "Confie mais na sua intuição e verá como ela acerta". O que você quer dizer em "confiar mais na sua intuição"? Afinal, quem devemos seguir: a razão ou a intuição? 53

11 Por que as pessoas são tão ocupadas nos dias de hoje? 59

12 E a motivação? O que realmente motiva o ser humano? 65

13 O que dizer da tal "atitude mental positiva"? 68

14 Qual a real diferença entre entusiasmo e otimismo. Existe? 71

15 Qual a importância da atenção ao momento presente para se vencer? O que isso tem a ver com o novo conceito de *mindfulness* que vem sendo a coqueluche dos executivos na Europa e EUA? 73

16 Há pessoas que abrem portas e há pessoas que fecham portas? Como ser uma pessoa que abre portas? 76

17 Como você vê o processo de normatização (padronização) diante disso, não é um paradoxo? Normas e processos não travam as empresas diante da atual necessidade de ser flexível e rápida, principalmente na área de serviços? 78

18 Todos os atuais "gurus" de gestão dizem ser a humildade a maior característica dos grandes líderes. O que é humildade, afinal? 81

19 Você afirma que saber dizer "eu não sei" ou "não entendi" é uma grande virtude do homem. Um líder que diz não saber e não entender não corre o risco de ser pisado? Há uma dosagem, uma medida certa para essa humildade? 85

20 Existem coisas específicas que possamos fazer para vencer o medo de vencer? 88
    1 - Acabar com as velhas imagens de si mesmo ... 88
    2 - Investir em si mesmo 88
    3 - Não ser ativista 89
    4 - Comprometer-se 90
    5 - Vencer a inveja 91
    6 - Não dar desculpas 91
    7 - Cumprir as promessas 92
    8 - Acabar com a presunção 92
    9 - Ser polido e educado 93
    10 - Participar da comunidade 94
    11 - Heróis do quotidiano 94
    12 - Fazer networking 95

21 Um líder deve ter foco. No que ele deve ser focado para ter sucesso em sua liderança? 96

22 Por que saber ouvir é essencial para o sucesso? 98

23 Ouvir basta? 101

24 É difícil elogiar? Este é um hábito de pessoas superiores? 104

25 É verdade que pessoas de sucesso controlam bem suas finanças? 108

9

73 + 1 PERGUNTAS

26 O perdão e a capacidade de perdoar têm efeitos práticos no ambiente de trabalho? Quais são? 110

27 Pessoas de sucesso cumprem o que prometem e pagam suas dívidas em dia ou isso é mito? 112

28 Existem pessoas que tomam decisões no calor de uma forte emoção. Qual o perigo das decisões emocionais? 115

29 Como trabalhar e conviver com pessoas que "se economizam" e não dão tudo o que podem para o sucesso de uma empresa ou ação? 119

30 Sucesso é sorte? O que outras pessoas têm a ver com nosso sucesso? 122

31 Esforço ou talento: o que é mais importante na obtenção do sucesso? 124

32 Como enfrentar fatos e eventos inesperados que ocorrem em nossa vida pessoal e profissional sem nos desesperar? 125

33 Mas é possível esquecer alguma tragédia, fatos ou pessoas que tenham nos prejudicado?..... 128

34 Competência técnica ou emocional: qual das duas habilidades é a mais importante para ser bem-sucedido? 130

35 Fala-se muito em cultura na empresa. Afinal, o que é cultura empresarial e qual a sua importância? 132

36 Como antropólogo, você tem estudado a antropologia empresarial. O que vem a ser isso? E, em que a Antropologia pode ajudar as empresas a serem mais competitivas? 135

37 Qual a real importância do marketing pessoal para o sucesso profissional? Como se sobressair na multidão? 137

38 Vale a pena ser honesto(a)? 139

39 Por que ninguém mais cumpre a palavra? Quem cumpre, não será hoje um tolo?. 141

40 Normalmente, no dia a dia de uma pessoa, as demandas são sempre maiores que a capacidade de realização, portanto, em muitas vezes, é necessário dizer-se, "não". Saber dizer "não" é uma arte que requer habilidade e firmeza? É possível chegar-se a algum lugar, sem aprender a dizer "não"? 143

41 No campo pessoal, da família, acredito que o saber dizer "não" também seja muito importante. Acredito que um dos maiores malefícios que um pai ou uma mãe faz a uma criança é não impor limites. Os pais têm de ter a coragem e a sabedoria de dizer "não", sabendo que essa atitude pode ser, em médio e longo prazo, o melhor para aquela pessoa? 145

42 Como conviver com "puxadores de tapete", pessoas que querem nos derrubar? 147

43 Há pessoas que não são más, mas nos cansam. Como conviver com elas? 149

44 É possível vencer sem errar, sem falhar? 151

45 O que fazer com os "especialistas" em enganar no trabalho? 153

46 Com quem você realmente pode contar? 155

73 + 1 PERGUNTAS

47 Há pessoas com as quais temos prazer em trabalhar e outras não. O que faz a diferença? 157

48 O que dizer às pessoas que afirmam não conseguir mudar o seu comportamento? 159

49 Como trabalhar com as gerações mais novas? É verdade que as empresas estão tendo dificuldades em trabalhar com os mais jovens, da chamada "Geração Conectada"? 161

50 O que fazer com colaboradores "desesperados pela sexta-feira"? 164

51 Como trabalhar com pessoas irritadas com pequenas coisas? 166

52 O ambiente de trabalho e o próprio mundo estão cada dia mais rudes, menos gentis, com pessoas irritadas. O que fazer? 168

53 Como fazer com a poluição sonora que temos no mundo moderno? Existe alguma chance de reinventarmos o silêncio? 170

54 Como viver num mundo com tanta informação? 174

55 A falta de participação, de presença física dos líderes nas atividades da empresa, é mesmo comum? Essa ausência é muito desmotivadora? 178

56 Como encontrar gente boa para trabalhar? 180

57 É possível respeitar a vocação de cada pessoa no mundo de hoje? 182

58 A confiança é uma virtude? Qual o seu papel no ambiente de trabalho? Quem tem a maior virtude: você por ser confiável ou eu por confiar em você? 184

59 Onde colocar a nossa felicidade? 186

60 O que falar sobre o que se chama
"Cultura do Descarte"? 188

61 Quando mudar e quando não mudar? 190

62 Qual o papel da autoestima no sucesso pessoal e
profissional? 192

63 Há pessoas que buscam mesmo uma
saída mágica para seus problemas.
Existe saída mágica? .195

64 Como ser simples, num mundo complexo? 197

65 No mundo de hoje, como pensar com nossa
cabeça e agir de acordo com nossos princípios
e não com a maioria que quer, muitas vezes,
nos cooptar? 199

66 Como desenvolver a virtude da paciência num
mundo louco como o que vivemos? 201

67 Como vencer o abstracionismo do mundo de hoje? . . . 203

68 Como vencer a ilusão de fazer só
o que se gosta de fazer? 206

69 Como não perder a consciência do passado
quando se chega ao poder? 208

70 Uma lista do que "não fazer" é mais importante
do que uma de "fazer"? 210

71 Qual seria um bom conselho para não
perder o foco? 212

72 O que fazer quando não se tem vontade
suficiente para enfrentar os desafios do
conhecimento nos dias de hoje? 214

73 Professor, sabemos que precisamos mudar e que nossa empresa têm que mudar, mas estamos com muita dificuldade para saber o que fazer. Os meus mais de 40 anos de experiência não estão mais servindo para nada! Já passei por várias empresas e nunca senti tanta dificuldade em trabalhar com as pessoas como agora. O que fazer? 216

73+1 O leitor gostaria de fazer uma pergunta e quer saber como fazer para que eu responda? 219

Luiz Almeida Marins Filho 221

1

Vivemos, hoje, em um mundo globalizado, onde presenciamos uma crescente competição entre pessoas e empresas. Como viver, com saúde física e mental, em meio a tanta competição?

A grande marca do mundo contemporâneo é a competição. Entretanto, isto não é novo, uma vez que o ser humano, desde o mundo primitivo – como acontecia entre os aborígines australianos que estudei – tem como marca a competição. Em todas as sociedades humanas encontraremos mecanismos culturais que reforçam a cooperação, justamente para fazer com que a competição seja abrandada e desenvolvida com um sentido mais ético, menos predatório. Portanto, a competição é própria do ser humano que é, naturalmente, um ser competitivo.

Observando a corrida de toras entre os índios brasileiros (que nada mais é do que carregar pesadas toras de um local para o outro e vence quem chega primeiro) temos um exemplo claro de que a vida é uma competição para o ser humano. Por isso mesmo, as sociedades criaram mecanismos culturais de cooperação, fazendo com que o ser humano entenda que não é a competição predatória que leva ao sucesso, mas, sim a cooperação. A sociedade moderna é extremamente competitiva e cada vez mais exige que vençamos como indivíduos, ao mesmo tempo que vençamos como grupo, como empresa.

Essa conciliação dos aspectos individuais da competição com os aspectos de cooperação é o maior desafio do líder, do empresário, do gestor. Ele deve criar mecanismos dentro da empresa que forcem a cooperação, como incentivar trabalhos em grupo, células de produção etc. Programas de qualidade incentivam a cooperação, pois a qualidade se atinge mais facilmente quando as pessoas pensam e trabalham em equipes. Entretanto, é preciso que saibamos que a natureza humana é extremamente competitiva e individualista.

> *A grande marca que nós temos hoje, no mundo, é a competição (...) a sociedade moderna é extremamente competitiva (...) a conciliação dos aspectos individuais da competição com os aspectos de cooperação é que representa o maior desafio de um líder.*

Pense na famosa globalização ou mundialização ou internacionalização, como queira chamar. Hoje, não estamos mais competindo com as empresas de nossa cidade ou estado ou mesmo país. Não temos sequer, muitas vezes, como saber quem na verdade são nossos verdadeiros competidores. Exatamente por isso é que dizemos que globalização significa que não existe mais o "interior". Hoje, de qualquer parte do mundo você pode dominar mercados globais. A total interdependência dos mercados financeiros, o avanço da tecnologia da informação e a constituição de áreas de livre comércio, fizeram o mundo se tornar a Grande Aldeia que McLuhan profetizara nos anos 1960.

Eu estava sendo entrevistado num programa de televisão, e a repórter me perguntou: "O senhor é a favor ou contra a globalização"? Deu-me um grande branco e eu retruquei: – "A senhora é a favor ou contra a lei da gravidade"? Não existe mais "ser contra a globalização".

Uma chamada telefônica de São Paulo para Nova Iorque custava, em 1968, 69 dólares. Hoje custa centavos e pode ser feita através da internet com custo próximo a zero. Uma passagem aérea de São Paulo para Nova Iorque custava 5.500 dólares. Hoje você viaja por menos de mil dólares.

O mundo ficou pequeno, globalizado. Você compra um livro pela internet que lhe é entregue em uma semana ou menos, em qualquer lugar do planeta.

As empresas tinham orgulho em dizer junto à sua logomarca: "SEDE PRÓPRIA". Pessoas ficavam admiradas e valorizavam muito uma empresa que tivesse "sede própria". Hoje é ridícula esta veiculação. Não interessa saber onde é a sede de qualquer empresa. E os recursos financeiros serão mais bem empregados em serviços do que na capitalização de uma sede própria. A globalização é irreversível. Podemos comprar, financiar e pagar globalmente, não existe mais um banco local. Posso propor a algum banco da Indonésia um empréstimo para comprar um carro nas Filipinas, tudo pela internet. Posso comprar produtos de supermercados em Chicago. Enfim, somos cidadãos do mundo. O inglês tornou-se um idioma universal e quem não fala inglês, fala espanhol. Seu filho pode hoje estudar em qualquer lugar do mundo. Hoje, podemos fazer mestrado e doutoramento via internet, em dezenas de universidades no mundo. Este é o novo mundo.

Com o avanço da tecnologia teremos uma diluição do que chamamos tradicionalmente de emprego. Um emprego rígido, como ainda vemos, não vai mais existir. Qual o local ideal de trabalho? Será que é dentro da empresa? Será que não poderemos melhorar o trânsito e o meio ambiente se trabalharmos em casa, ligados totalmente via internet, sem precisarmos ir à empresa? Já existem muitas pessoas que trabalham comutando, ou seja, indo duas ou três vezes por semana à empresa ou trabalhando em suas casas.

De que maneira isso mudará a relação de emprego? Em alguns países contratam-se o marido e a mulher para o mesmo cargo – o marido trabalha três dias e a mulher, dois – pois não tem quem fique com as crianças em casa. Nas relações de emprego, estamos vendo, cada vez mais, coisas inusitadas. Os shoppings abrem aos domingos e feriados, e o mundo acaba girando 24 horas por 07 dias. A tendência, pois, é haver uma forte desregulamentação do emprego, e a ênfase será dada à renda. Cada um de nós será responsável por sua previdência, por seu seguro. Enfim, o importante é que as pessoas tenham renda e não um emprego.

Outra consequência é que vamos ter um índice de obsolescência maior. Há alguns anos, as pessoas ficavam esperando sair o "último modelo" para comprar alguma coisa. Hoje, se você ficar esperando o último modelo não vai comprar nunca, pois saem novos modelos a cada minuto. Aparelhos eletrônicos que tinham preços elevados hoje são dados como brindes na assinatura de jornais e revistas.

A tendência é a tecnologia liberar o homem para outras atividades mais produtivas. O setor de serviços será o grande gerador de empregos: turismo, shopping centers, hotéis etc. Um shopping pode ter mais de centenas de funcionários. Conheço um hotel que tem mais de 1.500 funcionários, um número muito superior ao de muitas indústrias de grande porte, hoje totalmente robotizadas. Fazer mais com menos tempo e esforço, eis o benefício da tecnologia. A empresa terá que ser uma *solution provider* (provedora de soluções) para o seu mercado. Já não vamos mais discutir preço, nem qualidade, pois se eu não praticar um preço justo e não tiver qualidade, estarei fora do mercado. Como fornecedor, terei que entender muito bem o negócio de meus clientes. Meu foco será a cada dia mais o foco dos meus clientes. Graças à capacidade da informação, de estudar o cliente e observá-lo, vou poder ser um provedor de soluções. Terei clientes fidelizados, pois sendo capaz de fazer isso tudo pelo cliente, este não tem por que procurar outros fornecedores.

Assim, o que realmente vale é a sua vontade de aprender e desenvolver a capacidade de análise e de síntese e ter, portanto, as habilidades básicas que garantirão o sucesso; ser capaz de se comunicar bem, ter raciocínio lógico. A inteligência vai ser o grande fator de sucesso do século XXI. Os recursos naturais não são mais o diferencial, mas sim, a inteligência. Isso é que vai fazer a diferença para os vencedores.

As pessoas precisam compreender que o sucesso de hoje não garante o sucesso de amanhã, por isso, pessoas e empresas deverão sempre criar novas oportunidades. As empresas serão cada vez mais organizações de aprendizagem, e a empresa que não for capaz de fazer com que as pessoas que a acompanham cresçam e se desenvolvam, não terá sucesso.

Não terá futuro a pessoa que não tiver gana de aprender. O que é velhice? É velho quem perdeu a vontade de aprender com qualquer idade, 30 ou 90 anos. Um industrial me contou que reuniu quatro empresários e seus gerentes do varejo e fez as seguintes perguntas: "O que é que eu dou para os meus vendedores, para que eles vendam o meu produto? Que prêmio eu dou? O que hoje motiva, incentiva o vendedor de sua loja?" Os empresários e gerentes, após um tempo de discussão, disseram ao industrial que não adiantaria dar viagens, motos, carros etc., pois o que o pessoal valoriza, hoje, é a empregabilidade que eles sabem que somente será conseguida pelo conhecimento. Assim, eles indicaram ao industrial que oferecesse como forma de premiação cursos, palestras, participação em seminários etc.

Fiquei abismado quando ele me contou isso, pois são vendedores do varejo. As pessoas estão começando a entender a importância do conhecimento, da informação, do aprender a aprender. Assim, se você é patrão, ofereça a seu funcionário oportunidades de crescimento e ele passará a dar mais valor ao seu emprego, e se você perceber que ele perdeu a vontade de aprender, tente conscientizá-lo dessa importância. Se ainda assim ele não quiser aprender, meu conselho é que você se livre dele, pois ele não terá futuro e será um peso para a sua empresa.

2

Competir é inerente aos seres vivos? Sem competição não haveria progresso, desenvolvimento?

A necessidade de sobreviver faz com que sejamos compelidos a competir. Sabemos que os animais inferiores competem o tempo todo. O homem primitivo também compete, seja na caça, seja na pesca ou na coleta de frutos, raízes etc. Sem competir, animais e seres humanos não sobreviveriam. A competição é um processo natural e cabe à sociedade, através das suas instituições, criar e aperfeiçoar mecanismos de equilíbrio dessa competitividade.

Um dos mitos que temos sobre sociedades primitivas é que nelas não existe a individualidade. Isso não é verdade. O indivíduo existe, mas existe em função do grupo. São muito fortes as estruturas organizacionais em clãs, linhagens, famílias extensas etc., que fazem cada indivíduo se identificar com seu grupo. Mas, o indivíduo é muito importante, e a competição individual também. Como em qualquer grupo, existem indivíduos que se destacam. Independentemente da existência de mecanismos culturais de cooperação, essas sociedades possuem uma competição intensa. A ideia de Rousseau acerca do bom selvagem totalmente cooperativo não é verdadeira. A competição, portanto, é fundamental ao crescimento. Se observarmos um jornal ou uma revista, por exemplo, veremos que há uma competição entre as áreas comercial e editorial. A área editorial quer ocupar todas as páginas com notícias, artigos, textos por ela produzidos. Já a área comercial quer (e essa é a sua função) preencher a revista ou jornal com material publicitário. E isso é uma constante luta. Se o diretor da área editorial não competir por mais espaço, o mesmo acontecendo com o diretor comercial, e ambos cederem todos os espaços para a outra área, o jornal ou a revista não terá sucesso. A área editorial tem por objetivo produzir as melhores matérias e reportagens para trazer mais leitores. A área comercial precisa trazer cada vez mais anunciantes para que a empresa tenha recursos financeiros para contratar melhores repórteres, articulistas, ter mais qualidade de impressão e distribuição etc. Assim, as duas áreas são naturalmente conflitantes. Na verdade, essa competição tem que existir.

> *A competição faz parte do processo de seleção natural*

> *A competição é uma das características mais espetaculares do ser humano. Se ele não tivesse o traço da competição, não cresceria (...) Se tudo fosse cooperação e harmonia, o crescimento seria comprometido. A cooperação existe para equilibrar a competição.*

Portanto, o grande desafio é chegar ao que chamamos de "compromisso". Há uma diferença de comportamento entre o ser humano e os animais. Os animais irracionais quando entram numa situação de conflito, de competição, só têm duas reações: lutar ou fugir.

O ser humano é o único animal que possui uma terceira possibilidade, que chamamos de habilidade verbal: ele pode dialogar, em vez de lutar ou fugir. O ser humano pode propor um acordo, chegar a um compromisso, buscar um equilíbrio entre as partes conflitantes através da habilidade verbal.

Portanto, a competição é uma das coisas mais espetaculares da própria natureza, pois se não houvesse competição, não haveria desenvolvimento.

Tudo no mundo é uma competição. Por isso mesmo, temos que ensinar os nossos filhos e os empresários e os seus colaboradores que em inúmeros momentos da vida pessoal e empresarial eles terão que dialogar muito, negociar, assumir um compromisso e respeitar a individualidade das outras pessoas para conseguir o que desejam. Continua sendo uma questão de sobrevivência. Na verdade, temos que aprender a colaborar e a trabalhar em equipe, grupo, time. Embora a competição seja natural, as consequências de não cooperar são danosas à sociedade. A competição cooperativa, pois, é um ideal que as empresas buscam

> O animal, quando entra numa situação de conflito, só tem duas saídas: lutar ou fugir. O ser humano é um animal que tem uma terceira opção, a que chamamos de habilidade verbal: ele pode dialogar, em vez de lutar ou fugir.

atingir. Ela é possível e mesmo necessária nos dias de hoje, até para a sobrevivência das empresas.

Um exemplo desse tipo de cooperação, em nível empresarial, são indústrias que numa mesma linha de montagem fabricam produtos concorrentes. Assim, a competição se dá no mercado, no marketing, mas a mesma fábrica produz produtos que concorrem entre si. Isso ocorre em muitos setores: de bebidas, alimentos etc.

Isso é desejável porque não se pode mais admitir a existência de uma fábrica com 50% de ociosidade e, outra, concorrente, com o mesmo índice de ociosidade. É mais lógico, quando possível, as empresas concorrentes produzirem seus produtos numa mesma fábrica de forma cooperada e competirem no mercado com marcas, design, embalagens diferentes. Cada vez mais as empresas têm visto que uma das saídas para a competição sadia é a cooperação inteligente. Ao visitar uma fábrica de automóveis no Japão, vimos que havia várias marcas sendo fabricadas na mesma linha de montagem. Da mesma forma, temos na indústria de bebidas linhas que produzem marcas concorrentes no mercado. Assim, por meio de uma cooperação inteligente as empresas otimizam custos.

> *A competição cooperada é cada vez mais necessária, é também uma questão de sobrevivência.*

3

É preciso temer a concorrência?
Quem precisa ter medo da concorrência?

Tem medo da concorrência quem não entende algumas coisas do mundo contemporâneo. Por exemplo, não entende que o poder migrou das mãos da empresa para as mãos dos clientes. Até há pouco tempo, o poder estava na empresa, havia poucos concorrentes, e a qualidade dos produtos não era semelhante: havia produtos de alta e de baixa qualidade. Hoje, nós temos três realidades:

1. Um número de concorrentes cada vez maior.

2. A qualidade dos produtos concorrentes é cada vez mais equivalente. A qualidade começa a ser cada vez mais semelhante por uma difusão de processos científicos e tecnológicos, pois não há mais segredos na obtenção de tecnologia, e mesmo pelo fácil acesso a recursos financeiros para desenvolver novos produtos e serviços.

3. Quando o número de concorrentes aumenta e a tecnologia se torna disponível, os preços entre produtos e serviços concorrentes começam a ser similares.

Assim, temos hoje uma realidade de profusão de produtos, com similaridade de qualidade e de preços. Tem medo da concorrência aquela empresa que não busca uma diferença percebida como valor para o mercado. A pergunta a ser respondida é: O que fará um cliente comprar de minha empresa e não de outra? A "empresa" é que tem de ser diferente, e não só o produto. A empresa precisa criar produtos, serviços e ter um relacionamento que encante e surpreenda o cliente. Enfim, tem medo da concorrência quem não entende que o diferencial estará cada vez mais na prestação de serviço e não no produto: prestação de serviços é o novo nome do jogo.

> *O que é que vai me fazer comprar de uma empresa e não de outra? O que vai fazer com que eu prefira essa ou aquela empresa, quando todas têm preços iguais e qualidade semelhante? A empresa tem de ser diferente!*

A consequência dessa realidade é que as margens serão cada vez menores. Isso se dará porque o cliente se tornará a cada dia mais exigente, a competição aumentará e as empresas não terão como elevar seus preços.

A primeira coisa que temos de entender é que não iremos mais ter inflação elevada no mundo. O mundo já aprendeu como combater a alta da inflação. Há vários mecanismos que os governos e bancos centrais podem lançar mão para manter a inflação sob controle.

O que vamos ter, até por causa do processo de

globalização, é uma pressão para preços cada vez mais baixos. Isso significa que as margens de comercialização das empresas estarão cada vez mais estreitas. Quando preços começam a ser estáveis durante muito tempo, a noção de valor que o consumidor dá àquele produto muda, ele começa a desenvolver noções de preços relativos, começa a ter a noção de que um vestido ou um casaco de inverno não pode custar mais que uma geladeira ou um televisor.

Vamos ter que reinventar métodos produtivos e sistemas de distribuição e logística, pois é aí que estão os custos agregados que podem ser mexidos com mais profundidade e eficácia.

A partir disso tudo teremos de cooperar: haverá um mesmo caminhão levando produtos concorrentes. O serviço bancário é um bom exemplo de baixas de custo com homebanking, pois os custos com funcionários são reduzidos. Outro exemplo: uma geladeira não vai mais passar por inúmeros depósitos, no tempo entre a compra e a entrega, a própria fábrica a entregará em sua casa. Vamos ter que repensar e mesmo reinventar a cadeia produtiva, ver onde e como poderemos reduzir custos. O diferencial competitivo sobre a concorrência será pautado em economias mínimas, que multiplicadas por grandes volumes trarão a diferença competitiva.

4

Planejar ou não planejar. É verdade que no Brasil o certo é se atirar da janela e depois ver como irá cair?

Deixa a vida me levar,
Vida leva eu...
Zeca Pagodinho

Sem um planejamento estratégico competente, ninguém sobreviverá nestes tempos globalizados...
Michael Porter

Zeca Pagodinho – todos nós conhecemos, não precisa apresentação. É o "guru" do pagode no Brasil. Michael Porter, muitos conhecem. É o maior "guru" de planejamento estratégico do mundo contemporâneo. Professor de Harvard, Porter presta consultoria a empresas e governos no mundo inteiro. Não sei muito bem os valores, mas acredito que um show do Zeca Pagodinho e uma palestra do Prof. Michael Porter estejam valendo no mercado a mesma quantia em dólares. A citação do samba de Zeca Pagodinho "Deixa a vida me levar" é cantada em todo o Brasil. A citação de Michael Porter, ouvi de seus próprios lábios num seminário em que participei como aluno. E agora? Qual "guru" seguir? Sem nenhuma preocupação científica, mas apenas como um curioso antropólogo, com as duas citações nas mãos consultei, provocativamente, mais de 150 pessoas, entre empresários, empreendedores, executivos, funcionários e profissionais liberais. Homens e mulheres. Várias idades. Fiz consultas individuais e reuni essas pessoas em grupos grandes e pequenos. Nunca vi um tema que tenha gerado tanta polêmica, discussão e dúvida.

Empresários e empreendedores diziam "sou mais Zeca Pagodinho", enquanto executivos bradavam serem mais Michael Porter, e que a "desgraça do Brasil" estava exatamente nessa visão "pagodiana" de empresariar sem planejar. Empresários e empreendedores acusavam os executivos de ingênuos, "intelectualoides" – "vocês nunca tiveram uma folha de pagamento no fim do mês para pagar... E ficam falando em planejamento estratégico. O negócio é produzir, vender e não ficar o dia inteiro diante de um laptop fazendo projeções e planejamento...". Já os executivos diziam: "Sem planejar é impossível ter sucesso duradouro. A falta de planejamento é o maior mal das empresas brasileiras".

Para colocar ainda mais lenha nessa fogueira, há um estudo denominado *Effectuation* (Efetivação) introduzido pela professora indiana Saras Sarasvathy em 2001. Professora da Darden School of Management da Universidade de Virgínia, desde 1997, Sarasvathy vem realizando pesquisas com dezenas de empreendedores. Ela entrevistou empreendedores para descobrir como tomam decisões e como iniciaram seus negócios de sucesso. Ela descobriu que 89% dos empresários usaram o que ela chamou de "efetivação". Isto é, eles começaram seus negócios sem muito planejamento, fazendo as coisas acontecerem a partir da realidade deles próprios e de seus conhecimentos e intuições, e do mercado testado concretamente com pequenas ações preliminares para validar suas ideias na prática.

E agora? E você? É mais Zeca Pagodinho ou Michael Porter?

Quero apostar que sua resposta seja a mais brasileira de todas: "O certo, Prof. Marins, é um 'misto' dos dois..."

Ou seja, viva o Brasil do "Zeca Porter" e do "Michael Pagodinho"!

5

É realmente possível aumentar a empregabilidade? O que é isso? Como fazer?

Com o processo de globalização e margens magras, os funcionários aprenderam que não é a empresa que dá a camisa para o funcionário vestir. Não é o patrão que tem o poder de decisão de dar ou não a chamada "camisa", mas sim o mercado. Se o conjunto de pessoas que compõem uma empresa, ou seja, seus colaboradores em todos os níveis, forem capazes de fazer com que a empresa fique viva no mercado, aumentando suas vendas e sua produtividade, vão ter "camisa" para vestir. Caso contrário, mesmo com as melhores intenções do patrão, de querer dar "camisa" aos seus funcionários, ela simplesmente não existirá.

A primeira consequência disso é que o patrão não é mais o responsável pelo emprego de seus funcionários, mas, sim, a capacidade conjunta de manter a empresa crescendo, inovando e se desenvolvendo no mercado.

Daí o conceito de que um bom patrão deve querer que todos os seus colaboradores sejam permanentemente "empregáveis".

Empregabilidade não significa querer que você seja empregável para os outros. Eu quero que você seja empregável para mim tanto quanto o é para os outros. O patrão deve fazer a seguinte proposta honesta ao funcionário: *Quero que você se torne cada vez mais empregável, pois, quanto melhor você for, melhor você será para mim. E, quanto melhor você for, menos culpa eu sentirei se eu não puder lhe dar uma 'camisa' para vestir e tiver que dispensá-lo, pois você será uma pessoa empregável. Portanto, se, por acaso, o seu emprego não puder ser mantido, não há com o que se preocupar, porque você, comigo, será sempre empregável no mercado.*

Este é o conceito de empregabilidade. Na verdade, o que esperamos é que o funcionário vista sua própria "camisa", investindo nele mesmo, aprendendo mais, sendo melhor, para que se torne mais empregável para a empresa e para o mercado. Esta é a beleza desse conceito. Quem dá o emprego, hoje, é o mercado, não o patrão.

> *Essa história de vestir a camisa da empresa é uma falsidade. Não é o patrão que decide sobre a 'camisa', mas sim o mercado (...). Na verdade, o que esperamos é que o funcionário vista sua própria 'camisa', investindo nele memo.*

6

Acabou o emprego seguro e permanente?

A segurança do emprego está na pessoa e na capacidade do conjunto de pessoas que formam uma empresa, de transformá-la num sucesso contínuo, mantendo os empregos. Se uma empresa não tiver a capacidade de conquistar e manter a preferência dos clientes e do mercado, não haverá sistema mágico que faça manter os empregos, por melhores que sejam os patrões.

Antigamente, as empresas conseguiam manter os empregos por longos períodos porque eram poucos os competidores com diferenciação de qualidade e de preço. O mercado era outro, não se competia globalmente.

Empregabilidade e serviço público

Mesmo no serviço público, não serão mais o presidente, o governador, o prefeito os que poderão manter a estabilidade dos funcionários públicos. É o cidadão contribuinte, que não suportará mais ver o seu imposto gasto com pessoas que o atendem mal. É, outra vez, uma situação de mercado.

Essa estabilidade cairá, não por vontade dos governantes, mas, sim, por rejeição da sociedade em pagar por serviços que não são prestados ou que são irrelevantes. A ideia de que a estabilidade não está ligada à produtividade ou competência não existirá mais também no serviço público. E nenhuma facção política conseguirá manter esses privilégios.

Ocorrerá que a população pressionará os governantes dos três poderes – executivo, legislativo e judiciário – e acabará exigindo mudanças que tragam também ao serviço público os mesmos critérios de avaliação da iniciativa privada. Portanto, também no serviço público os funcionários devem se preocupar em atender bem, cuidar da qualidade, produtividade e custos para que possam manter seus empregos e para que alguns privilégios possam existir ou ser mantidos.

O que garante a empregabilidade de um profissional é sua vontade de aprender

A única coisa que pode garantir a empregabilidade de alguém em tempos de mudança é a sua capacidade em não parar de aprender. O que significa ser velho? O que é defasagem, hoje? É quando se perde a vontade de aprender. O que notamos, atualmente, nas empresas, é que o melhor funcionário não é aquele que já vem formado. As mudanças se dão com tal rapidez que o que se precisa é de pessoas dispostas a aprender e a se reinventar a cada dia, a destinar um pouco de tempo, dinheiro e energia que possuam para aprender. Enfim, investir em si mesmas. Isto é o que vai fazer a diferença.

Num ambiente competitivo, sobreviverá aquele que estiver disposto a dominar a vontade de aprender e mudar. E, nessas mudanças, ter a flexibilidade de ver seu voto vencido e ainda assim participar da execução de programas e projetos de interesse da empresa. Há momentos em que se deve parar de discutir, de argumentar; e ir junto com o grupo. Há de se discutir até onde seja possível, mas chega a hora que se deve partir do plano da discussão para o da ação.

> *Num ambiente competitivo como o nosso, sobreviverá aquele que estiver disposto a dominar a vontade de aprender e mudar.*

7

Viver é trabalhar? Qual o papel do trabalho na vida? Viver para trabalhar ou trabalhar para viver? É possível ter prazer no trabalho?

Há uma coisa inexorável na vida: o tempo. O homem mais rico do mundo não pode comprar um minuto de alguém. O homem mais poderoso não pode pedir emprestados cinco minutos sequer. Isto é uma das coisas mais bonitas da vida. Todos nós, sem exceção alguma, temos 24 horas em cada dia e essas 24 horas são basicamente divididas em três blocos de oito horas: oito horas para dormir, repousar; oito para trabalhar e oito que poderemos chamar de restantes. Enquanto dormimos, não temos pleno uso da nossa potencialidade humana. As horas restantes são gastas indo-se ao trabalho, voltando-se do trabalho, indo-se ao teatro ou ao cinema etc. e são divididas durante o dia. Como são divididas, possuem muitas variáveis que nelas interferem.

Qual é o horário nobre? Qual é o horário mais contínuo que passamos acordados e ativos, ligados a uma mesma atividade? São as oito horas de trabalho. Nós trabalhamos as oito melhores horas de cada dia, durante os 35/40 melhores anos da vida. E ainda há uma verdade agravante: a pessoa é conhecida através de seu trabalho, de sua profissão. Na verdade, a sociedade pragmática diz que viver é trabalhar. O que nos identifica na sociedade é o trabalho. Você é o que você faz na sociedade. Repare que você é o professor, médico, dentista, advogado, marceneiro etc. Daí a importância simbólica do trabalho: o identificador social. O ser humano sem o trabalho perde metade de seu ser. Por isso, a necessidade de fazer o que gostamos e não sendo possível, é preciso, pelo menos, gostar do que fazemos.

Muitas pessoas têm a ilusão de poder viver sem trabalhar e pensam que a vida é fácil. Em meu livro **TUDO O QUE É FÁCIL JÁ FOI FEITO** (Ed. Saraiva, 2012) digo que as pessoas vêm se infelicitando pela ilusão de que a vida é fácil, de que o sucesso acontece sem esforço e sem muita dedicação. O que nos identifica socialmente é o trabalho e não há como fugir disso.

> *Certa vez, Michelangelo disse: 'Só me sinto bem quando estou com o pincel na mão'. Evidentemente que o prazer da vida não pode, nem deve ser resumido ao trabalho.*

8

Qual, afinal, o futuro do emprego?

Temos que aprender a desvincular renda de emprego. Emprego, comumente significa uma relação de subordinação entre uma pessoa e uma entidade chamada empresa ou entre uma pessoa e outra chamada patrão ou patroa. Isso pouco vai interessar no futuro. As pessoas querem renda e não emprego tal qual o conhecemos hoje. E essa renda poderá ser obtida das formas mais inusitadas.

O autoemprego, o desenvolvimento de atividades autônomas prestadoras de serviço, que poderão ser realizadas em casa ou em qualquer local, já são uma realidade crescente. A própria relação trabalhista terá que se adaptar. Devemos desvincular renda de emprego. A palavra emprego terá de mudar para atividade. Teremos de exercer uma atividade que saibamos dominar e que nos faça ganhar dinheiro e sobreviver. Assim, viveremos numa sociedade cada vez mais feliz, com pessoas trabalhando em atividades que elas mesmas escolherem, com horários flexíveis e com mais qualidade de vida.

O avanço tecnológico fará com que a pessoa possa trabalhar de qualquer lugar onde esteja. Não há mais distância. Assim, a chamada "pegada ecológica"[1] das pessoas diminuirá muito. Estudos no mundo inteiro têm comprovado que quando uma pessoa trabalha em sua própria casa ou onde ela escolher, tem mais produtividade. Nas grandes metrópoles só o tempo consumido no trânsito (fora a pegada ecológica da poluição etc.) poderia ser evitado em muitos casos. Esse conceito de teletrabalho nem sempre é bem compreendido. Patrões desconfiam que se o empregado não estiver de corpo presente no local do trabalho ele não estará trabalhando. Outro fator que as pesquisas vêm mostrando é que o trabalhador a distância é pouco visto por seus patrões e recebe na média menos promoções do que aqueles que fazem o trabalho presencial na empresa. Há muitos chefes e patrões que ainda valorizam o funcionário que chega cedo e sai tarde do trabalho, mostrando ser "comprometido" com a empresa.

---

1 A Pegada Ecológica é uma metodologia de contabilidade ambiental que avalia a pressão do consumo das populações humanas sobre os recursos naturais. Expressada em hectares globais (gha), permite comparar diferentes padrões de consumo e verificar se estão dentro da capacidade ecológica do planeta. Um hectare global significa um hectare de produtividade média mundial para terras e águas produtivas em um ano. Fonte: WWF (www.wwf.org.br)

Muitas vezes essas pessoas são mais espertas do que produtivas. Muitas vezes são, na verdade, especialistas em enganar no trabalho (veja o tema neste livro).

Esse problema seria resolvido com simplicidade se todos os colaboradores tivessem metas pessoais factíveis a serem atingidas dentro de um determinado prazo. Onde realizar as tarefas seria uma decisão delas. É óbvio que nem todo trabalho poderá ser feito a distância. Atendentes de loja, é claro, têm que estar na loja. Dentistas têm que estar nos consultórios etc. Mas muito trabalho poderia ser feito sem deslocamentos absurdos, como vemos hoje. Boa parte dos trabalhadores saem de suas casas e vão a um local de trabalho para ficar oito horas em frente a um computador trabalhando. Saem para almoçar, voltam e sentam-se novamente defronte ao computador até o horário de enfrentar o trânsito e voltar para suas casas. Qual o sentido disso? Não seria mais lógico o colaborador trabalhar em sua casa e ir ao local de trabalho apenas algumas vezes no mês ou quando realmente necessário? E não é verdade que quando a empresa precisar falar com esse seu colaborador há hoje meios quase sem custo para fazer videoconferências, chats com vídeo e uma infinidade de formas tecnológicas para resolver esse problema?

Acredito que muitos fatores farão o teletrabalho ser uma realidade. As razões ambientais, econômicas, de sustentabilidade farão as empresas e patrões entenderem essa necessidade. É apenas uma questão de tempo.

Grandes metrópoles como Nova Iorque, São Paulo, Cidade do México, Tóquio, Pequim, por exemplo, não sabem mais o que fazer para resolver os problemas de tráfego e os ambientais decorrentes. Não há como construir mais avenidas, mais estradas. A solução tem que ser vista pelo lado da diminuição do deslocamento das pessoas que não precisam se deslocar na mesma intensidade que fazem hoje.

9

Onde encontrar a motivação para ser um vencedor num mundo competitivo?

Sucesso é sempre um autoconceito e um conceito social, ao mesmo tempo. Então, vencer na vida é estar bem consigo mesmo e ter o respeito e o reconhecimento da sociedade. Uma dona de casa que se esforça e consegue educar bem seus filhos é ou não uma vitoriosa, mesmo não tendo muito dinheiro? Um cientista que vive preso num laboratório, que não ganha milhões, mas tem por missão contribuir para a ciência, é ou não um sucesso? Depende do conceito de sucesso que cada um tenha.

Sucesso para uns pode ser dinheiro, para outros, o reconhecimento, a família etc. Por que vemos pessoas ricas que vivem drogadas, infelizes e que até cometem suicídio? As pesquisas mostram que pessoas que vieram de condições modestas e conquistaram aquilo que elas possuem são muito mais felizes do que aquelas que já nasceram com milhões de dólares em sua conta bancária.

O ser humano precisa ter por que lutar. Isto é que é motivação. Eu não posso motivar você, posso lhe dar motivos para que faça mais e melhor aquilo que você já queira fazer.

Um casal amigo nosso tem um filho que é baixista de uma banda de rock e ele é feliz, mesmo levando uma vida – para quem o observa de fora – difícil ou dura. Quando perguntam o que ele vai ser na vida, responde que já é um baixista. Agora, se analisarmos sob o conceito de um megaempresário, esse músico será um sucesso ou um fracasso? Quem poderá dizê-lo? Quem poderá ser o juiz da felicidade de alguém ou seu conceito de sucesso?

Uma das palavras mais mal utilizadas é motivação. Como eu tenho um programa de televisão chamado "Motivação & Sucesso com Prof. Marins", muitas pessoas me dizem: "Professor, dá para você ir à minha empresa, para motivar meus funcionários"? E eu brinco: "Você quer que eu vá com nariz e cabeleira de palhaço, ou eu posso ir como eu estou mesmo"? "Mas, por quê"? E eu digo: "Como vou motivar alguém? Como eu posso motivar um funcionário de uma empresa, se ele quer dar uma opinião sobre coisas novas, mas não há espaço para isso? Onde as condições de trabalho são as piores? Onde o cliente está sendo maltratado o tempo todo? Onde os preços estão muito acima do que deveriam, e as vendas não ocorrem, e nada é feito? Como poderei motivar?

Motivar é trabalhar as contingências (meio ambiente) para que as pessoas possam ter os motivos suficientes para agir.

Os ingleses têm um ditado muito interessante: "Eu posso levar meu cavalo até o rio, mas ele só vai beber água se quiser". Motivar é isso, é levar esse cavalo até o rio, sabendo que a quantidade de água que ele irá beber só dependerá dele. Uma empresa necessita trabalhar em condições para que essa pessoa se motive.

O que você poderá fazer para que seu filho tenha condições de vencer? Você lhe dará afetividade, equilíbrio emocional, suporte financeiro para que ele encontre seu verdadeiro caminho. Motivar é oferecer os motivos para que sejam vencidos os desafios. Alguém só se motiva, verdadeiramente, através de movimentos internos.

> *O que realmente motiva as pessoas são fatores intrínsecos, não materiais.*

Quando você se encontra em situação de extrema necessidade material a motivação é financeira. Uma vez realizada essa necessidade básica, dinheiro não motiva mais.

O que motiva as pessoas são fatores intrínsecos e não extrínsecos materiais. O salário é importante, quando você precisa de dinheiro para suas necessidades.

Conheço pessoas que deixaram seus empregos para enfrentar novos desafios ao atingirem a faixa dos 40 anos de idade. Nessa fase da vida, nossos sonhos de adolescência e juventude começam a sentir o impacto da realidade. Até os 20, acreditamos poder até ser presidente de uma empresa enorme ou mesmo do país; até os 30, ainda acreditamos em atingir muitas coisas; aos 40 percebemos que aquilo que somos é o que provavelmente seremos pelo resto da vida. Acabam os sonhos de que nos tornaremos muito diferentes. Daí, começamos a questionar a vida que temos. É importante lembrar que o que realmente motiva uma pessoa é o que o dinheiro não pode comprar. É o prestígio que ele adquire. O conhecimento que ele possui, e é reconhecido por isso etc. No fundo, as pessoas sabem que adquirir conhecimento é importante porque não existe plano econômico que tire o conhecimento delas, e nenhum milionário poderá comprá-lo. Essas coisas vão além do salário e estão no nível da vida onde as coisas materiais já não representam tanto.

Assim, o orgulho de um escritor, por exemplo, salvo raríssimas exceções, não é o de ganhar muito dinheiro com os direitos autorais pela venda de seus livros, mas, a emoção de ver seus conhecimentos serem compartilhados, e isso não há nada que pague.

Cada vez mais a sociedade começa a compreender que a

> *Uma evidência de que o verdadeiro motivo que mobiliza as pessoas a trabalhar não é só o dinheiro, é o forte crescimento das organizações não governamentais onde pessoas se dedicam de corpo e alma a uma causa.*

evolução tecnológica foi imensa e trouxe um desenvolvimento material inimaginável. Paralelamente a esse desenvolvimento material, o homem começou a perceber que: ou ele cuida do meio ambiente (da Terra) ou a natureza se voltará contra ele, apesar do desenvolvimento tecnológico muito avançado. As organizações não governamentais têm esse grande condão, de se reunirem em torno de objetivos não financeiros, objetivos maiores. As ONGs estão se proliferando. As pessoas começam a ver nessas entidades a possibilidade de realizar um projeto social relevante, algo que, às vezes, falta no emprego, na vida profissional. Portanto, essas organizações são absolutamente fundamentais. Essas organizações existem com os mais variados propósitos: uma mantém uma orquestra sinfônica; outra mantém um coral; outra, o patrimônio histórico; outras, de ajuda humanitária ou preservação das florestas etc. É isso tudo que faz a diferença na sociedade contemporânea e, quanto mais evoluída ela for, maior o número dessas organizações.

Essas pessoas discutem muito, criam muito, inovam muito, porque o compromisso delas está ligado ao tema, ao objetivo, e não ao lucro. Não estão preocupadas com resultados em curto prazo ou com as ações na bolsa de valores. Por mais paradoxal que seja, essas organizações funcionam melhor e mais rapidamente do que outra que esteja preocupada com o lucro. Se nós estivéssemos mais preocupados com o cliente do que com os lucros, teríamos mais lucros.

O que notamos é que numa organização não governamental as pessoas estão de tal maneira centradas num objetivo, no conceito, no tema, que fazem brotar uma criatividade incrível, pois todos sabem qual é o foco e este está muito bem definido. Quando vamos a uma empresa, percebemos que o foco está disperso e perdemos muita energia na discussão de meandros, por falta de determinação do foco. Nas ONGs, mesmo não havendo lucro, pois não é este o objetivo, o foco é muito forte, as energias se concentram de forma mais clara e o resultado é atingido mais rapidamente. Essas organizações serão modelos para a própria empresa.

> *Em uma ONG, as pessoas estão centradas num objetivo que faz brotar a criatividade, todos sabem qual é o foco. Ele está muito bem definido. Quando vamos a uma empresa, percebemos que o foco está disperso e perdemos muita energia em discussões sem foco.*

O foco no lucro, que obriga a empresa a dar retorno aos acionistas em curto prazo, muitas vezes impede a verdadeira motivação, a inovação e a criatividade. Ela vive em tensão e ansiedade.

Certa vez, perguntei ao presidente de uma grande empresa – à noite, depois de uma garrafa de vinho – o que ele gostaria de mudar em sua empresa e ele respondeu, quase num desabafo, que se pudesse mudaria quase toda a sua organização. Dias após, fiz a mesma pergunta ao vigia da mesma empresa, e ele respondeu de forma semelhante: que se pudesse, mudaria as coisas, mesmo sem saber direito como.

O foco no lucro e a obrigação da empresa em dar retorno aos acionistas em curto prazo, muitas vezes, impedem a motivação em longo prazo dada pela inovação e pela criatividade.

Os dois enxergam que é preciso mudar, mas por que não mudam? Porque a empresa é um transatlântico e para virá-lo, terão de brigar tanto, que é melhor deixá-lo como está. Portanto, em ambientes assim, é mais difícil ter pessoas motivadas, pois seus objetivos são em curto prazo, em termos de rentabilidade aos acionistas e não em longo prazo, no sentimento de missão e propósito.

> Pela primeira vez, nós estamos numa situação em que a história não ensina mais, temos que acreditar na intuição.

10

Você costuma afirmar: "Confie mais na sua intuição e verá como ela acerta". O que você quer dizer em "confiar mais na sua intuição"? Afinal, quem devemos seguir: a razão ou a intuição?

As duas. Só que a razão, como a história, já não ensina mais. Para que eu não erre no futuro, tenho que confiar na minha intuição. Tenho de permitir que coisas que não estejam na lógica cartesiana se manifestem, pois, às vezes, isto pode dar certo. Tenho que acreditar nessa intuição, nos chamados insights, aquelas ideias que brotam de nosso subconsciente. Por isso que sempre digo: durma com lápis e papel ao lado da cama, para não desperdiçar as boas ideias que teve ao dormir. Você pode observar que grandes artigos, livros, aulas provieram de ideias intuitivas: e, se você não aproveitar aquele momento para anotar, essas ideias se perdem. Às vezes, nos lembramos de que tivemos uma ideia brilhante, mas não o seu teor. Portanto, hoje é importante valorizar a intuição, e eu pergunto: quem tem a receita do que fazer num mundo tão competitivo como o que vivemos? Eu não tenho história para me ensinar muito em vários aspectos da vida empresarial. Tenho que acreditar no "daqui para frente", reinventar-me, para poder enfrentar os desafios de um ponto que não tem história para mim. Quando foi que o Brasil competiu globalmente no mundo como está competindo? Quando que o cliente foi tão exigente? Quando houve Código de Defesa do Consumidor?

O momento da percepção é o momento da ação. Aquilo que você intui são percepções muito importantes. Se nesse momento você colocar em ação essas percepções, seu trabalho renderá muito mais.

As pesquisas modernas vêm comprovando a cada dia a importância do subconsciente e seus mecanismos pouco conhecidos. Muitas vezes, temos medo da intuição, deixamos de acreditar em seu poder criativo e criador. Perdemos aí uma grande chance de acertar, de fazer as coisas na hora certa, apropriada. Valorizar a intuição é hoje recomendado pelos maiores gurus da administração: Peter Drucker, Tom Peters e outros.

E quando a percepção intuitiva ocorre com uma ideia nova, brilhante, arrojada, você deve realmente agir rápido. Essa mesma ideia deve ter surgido na cabeça de milhares de outras pessoas ao mesmo tempo. Aquele que agir primeiro, aquele que confiar mais na sua intuição será o vencedor. Observe: quantas vezes você vê uma "novidade" que você já tinha pensado antes? Você ouve uma ideia absolutamente "inédita" que você já teve antes, e, às vezes, muito tempo antes? Essa realidade comprova que o momento da percepção e da intuição é o momento da ação. Não espere muito. Aja! Faça agora!

Procure prestar atenção às suas intuições presentes e passadas. Veja como elas estavam quase sempre certas. Confie nelas daqui para frente. Não deixe para depois uma coisa que você intuiu para ser feita agora. Acredite, esse é o segredo do sucesso de muita gente: acreditar e agir, rapidamente, confiando em suas percepções intuitivas. Experimente!

Nada tem sido tão valorizado hoje em dia, como a **intuição**. Há livros, artigos em revistas de administração e gestão empresarial que falam da intuição como um dos mais importantes fatores de sucesso no mundo empresarial moderno.

E isso é fácil de se explicar. Num mundo em que a maior característica é a mudança rápida, as pessoas, para decidir, não podem mais se valer apenas de dados que "comprovem" o acerto da decisão. Na maioria das vezes, esses dados não existem. A experiência já não nos ensina muito mais. É preciso "criar". É preciso "inovar". Criatividade e inovação têm muito a ver com a intuição.

É preciso que o empresário de hoje confie mais na sua intuição para obter sucesso. "Segundo a filosofia, a intuição é a contemplação pela qual se atinge em toda a sua plenitude uma verdade de ordem diversa daquelas que se atingem por meio da razão ou do conhecimento discursivo ou analítico."[2] Trocando em miúdos, é um "pressentimento" que temos de que devemos fazer ou deixar de fazer alguma coisa. Esse pressentimento é que merece toda a nossa confiança. Uma grande obra é sempre, aos olhos do mundo, uma imprudência e os "imprudentes" são, na maioria das vezes, vencedores que confiaram em sua intuição. Num mundo como o nosso, onde o maior risco que existe é não se correr riscos, a intuição tem um papel preponderante que merece ser repensado.

Quantas ideias boas já vieram à sua cabeça e você as desprezou? Quantas coisas você "intuiu" e não fez e depois viu que seria um sucesso se as tivesse feito? Ou quanta coisa você "intuiu" que seria uma "fria" e que provou ser mesmo uma grande gelada?

As empresas modernas estão fazendo exercícios com seus executivos principais e mesmo funcionários operacionais que visam "descobrir" as intuições que as pessoas têm a respeito do futuro do mercado, do futuro da empresa, do desenvolvimento de novos produtos, de formas criativas de atendimento ao cliente etc.

---

2 Dicionário Aurélio da Língua Portuguesa.

Tenho o hábito de ler biografias de pessoas de sucesso em várias áreas da vida, desde o fundador da IBM – Thomas Watson, até o Papa São João Paulo II.

O que mais me chama a atenção nessas várias biografias é que todas as pessoas declaram em algum ponto, como fator fundamental para o seu sucesso, o fato de acreditarem e respeitarem suas intuições e mesmo de anteverem as coisas que desejam que ocorram com riqueza de detalhes, muito tempo antes delas ocorrerem.

Ninguém ainda sabe direito como a intuição ocorre na mente das pessoas. O fato é que ela existe, é forte e é determinante para o sucesso. Ela surge quando você menos espera. Às vezes, vem mesmo fora de hora, como um flash. O grande "perigo" é que quase nunca prestamos atenção a ela. Não a alimentamos. Não a fazemos crescer e tomar forma. E por isso, ela se perde.

A intuição, na verdade, é fruto de nosso subconsciente. As ideias ficam horas, meses, anos amadurecendo em nosso subconsciente e, de repente, elas brotam no consciente. Precisamos treinar nossa mente a reconhecer uma intuição e respeitá-la.

Às vezes, assistindo a um filme ou viajando, você vê uma coisa que lhe chama a atenção mais do que o normal. Uma ideia lhe vem à cabeça. Você logo a descarta porque acha que ela é louca ou boba. Não estará aí uma ideia a ser elaborada e respeitada?

Os grandes cientistas afirmam que suas maiores teses vieram às suas mentes em circunstâncias as mais inusitadas e improváveis, quase "por acaso".

Gostaria que você se dispusesse a treinar em si próprio a atenção às intuições. Faça um filme passado de sua vida e veja que as coisas que deram certo para você ocorreram sempre através de alguma intuição forte que o fez caminhar naquela direção.

Os grandes empresários têm na intuição um dos seus maiores "dons". Eles creem no que ninguém acredita e fazem o que ninguém faria. Daí experimentam o sucesso.

Confie mais na sua intuição e você verá como ela estava certa.

Durma com lápis e papel ao lado da cama, para não desperdiçar as boas ideias que teve ao dormir.

11

Por que as pessoas são tão ocupadas nos dias de hoje?

Muitas pessoas me dizem estar trabalhando demais. É claro que acredito no que essas pessoas dizem, mas fico pensando o que devem dizer e o que fazem as pessoas realmente ocupadas – presidentes de grandes países ou de grandes empresas, por exemplo. Essas pessoas têm as mesmas 24 horas que todos nós. Como dão conta de tudo, se nós, com responsabilidades muito menores, nos atolamos na falta de tempo e no excesso de trabalho? Muitos dirão que essas pessoas têm muitos assessores etc., mas mesmo assim a enorme responsabilidade continua sendo delas. Como fazem com suas preocupações?

Quando me vejo atolado com muito trabalho e paro para pensar, vejo também que estou sendo muito desorganizado em minha vida profissional. Quero fazer tudo ao mesmo tempo sem antes hierarquizar o que é essencial, importante e acidental. Quando percebo, estou fazendo uma porção de coisas acidentais, que poderiam ser deixadas para outra ocasião e deixando de fazer coisas realmente essenciais, as que realmente deveria fazer. Daí vem o estresse, o cansaço e muitas vezes uma sensação de incapacidade. Na verdade, se trata apenas de organizar melhor a cabeça e as prioridades e em seguida colocar essa hierarquia no tempo e fazer primeiro as coisas essenciais.

Veja o tempo que perdemos com coisas que não trazem produtividade alguma ao nosso dia. Sem disciplina, gastamos tempo com fofocas, reuniões improdutivas, e-mails sem importância, conversas bobas. E daí o dia acaba e o essencial não foi feito. E, então, nos vem a sensação de que trabalhamos demais e que não temos tempo de fazer tudo o que deveríamos fazer, e que somos explorados por este mundo desumano etc. Muitos de nós passamos a semana fazendo coisas acidentais e sem importância e depois passamos os finais de semana trabalhando em casa para compensar o tempo perdido no ambiente de trabalho.

Sei que há pessoas de quem são exigidas tarefas extenuantes, mas a maioria de nós, tem mesmo é uma grande indisciplina em relação ao uso do tempo. Nós usamos mal o tempo. Deixamos as coisas para a última hora. Vivemos atrasados e correndo. Correndo, porque estamos atrasados...

Faça você também um exame de consciência e veja se não está usando mal o seu tempo, falhando na organização do que fazer por não ter a sabedoria de pensar no que seja essencial, importante e acidental. Pense se você também não está passando pela vida como um acidente, fazendo somente coisas acidentais. Lembre-se que em oito horas de trabalho é possível fazer muito, se nos concentrarmos no essencial. Tenha tempo para o que vale a pena. Saiba descansar e relaxar. Use bem as 24 horas do seu dia.

A revista The Economist, na edição de 20 de dezembro de 2014, publicou um artigo muito interessante chamado "Em busca do tempo perdido: Por que todo mundo é tão ocupado?"

São muitas as razões para essa sensação. Desde o excesso de informação: sites, e-mails, blogs, YouTube até a expansão das redes sociais – WhatsApp, Twitter, Facebook etc.

Em 1930, o famoso John Maynard Keynes disse que seus netos não iriam trabalhar mais que três (03) horas por dia e assim mesmo se quisessem, isso por causa do progresso e da tecnologia que faria com que máquinas fizessem a maior parte do trabalho, à época feito manualmente. Máquinas de lavar, de secar, lava-louças, automóveis mais velozes, telefones mais avançados, tudo isso levaria o homem a ter um tempo ocioso muito grande e esse seria o grande problema do final do século XX. É claro que ele errou!

Hoje, com todo o progresso e toda a parafernália tecnológica que temos, parece que o tempo acabou.

Em vez de usarmos a tecnologia a nosso favor, tendo mais tempo livre, o homem parece ter usado a tecnologia para fazer muito mais coisas a cada minuto que sobrava e consumir mais, principalmente nas grandes cidades, onde só o deslocamento para ir e voltar do trabalho toma muitas horas de cada dia.

Além disso, os smartphones nos fizeram estar à disposição do trabalho quase 24 por dia. Vivemos iguais a frangos de granja – plugados dia e noite para produzirmos mais; e toda a teoria da civilização do lazer parece ter ido para o buraco. Segundo pesquisas americanas e europeias, nunca se trabalhou tanto e nunca se dormiu tão pouco. Populações estressadas, privadas até do sono, fazem uma sociedade doentia.

Assim, a busca do equilíbrio entre trabalho e família, vida pessoal e vida profissional caberá cada vez mais a cada um de nós, que temos de nos reeducar para não vivermos feito eternas presas do consumismo desenfreado que exigirá cada vez mais trabalho, para ganhar mais dinheiro e consumir mais. Será, igualmente, um enorme desafio para nossa sociedade nos próximos anos, pois é preciso encontrar formas de vida mais saudáveis e equilibradas, até mesmo para preservar a saúde física e mental das pessoas e a própria natureza.

Como está o seu uso do tempo? Você vive com equilíbrio? Você tem dormido bem? Onde você pretende chegar com tanta loucura?

Um dos mais simples e maiores segredos das pessoas de sucesso é que elas estão sempre adiantadas. Adiantadas em tudo! Elas vivem adiantadas no tempo, no conhecimento, na vontade, na organização. Elas não vivem atrasadas e por isso não são estressadas e surpreendem as outras pessoas com a sua calma, com a sua capacidade de fazer muitas coisas, com o seu equilíbrio.

Conheço pessoas que vivem esbaforidas, estressadas, sempre correndo, sempre atrasadas. Vejo pessoas desesperadas nos aeroportos, nas filas, nos bancos, nas empresas e até ao fazer uma simples compra num shopping. Esse estresse todo é devido ao fato de estarem sempre correndo atrás do tempo em vez de dominarem o tempo, de fazer o tempo trabalhar a seu favor e não contra.

Vejo pessoas que chegam atrasadas em seus empregos. "Não consigo chegar no horário", me disse uma funcionária. "Chego sempre 10 minutos atrasada todos os dias", completou. Ora, se ela chega todos os dias 10 minutos atrasada, seria muito fácil resolver o problema: bastaria sair de sua casa 15 minutos antes. Esses pequenos atrasos irritam a própria pessoa e aquelas com quem ela convive. Vejo pessoas fazendo loucuras no trânsito por estarem atrasadas. Desesperadas com o celular na mão para avisar de seu atraso é como vivem aqueles que não têm o hábito de viver adiantado. Além de tudo, boa parte dos acidentes é causada pela pressa, pela falta de atenção, pela correria, pelo estresse causado pelo atraso, pela desorganização do tempo.

Muitas pessoas me dirão que vivem atrasadas por não ter tempo. A essas pessoas quero lembrar que o dia tem 24 horas para todas as pessoas. Ninguém tem uma hora a mais ou a menos. Não é possível que você e eu sejamos as pessoas mais ocupadas do mundo. O que, com certeza, falta a nós, é organizar bem mais o nosso tempo e encarar a verdade de que viver atrasado se tornou um grande vício do qual não temos tido vontade de nos livrar.

Aprenda a viver adiantado e você se surpreenderá como tudo ficará mais fácil; como o dia passará a render mais e o quanto você encantará as pessoas com a sua calma, tranquilidade, equilíbrio, temperança e, por que não, alegria.

12

E a motivação? O que realmente motiva o ser humano?

É preciso compreender que o que realmente motiva o ser humano é o que o dinheiro não pode comprar. O dinheiro pode motivar ações de curto prazo, por exemplo, fazer alguém aumentar suas vendas de 10 para 20 no próximo mês. Porém, as mais modernas pesquisas provam que para obter uma motivação mais permanente ou de longo prazo, o dinheiro não resolve. Muitas vezes até piora a situação criando desmotivação: uma vez conquistado aquele objetivo a motivação acaba até que seja dado outro incentivo financeiro de curto prazo. E aí a expectativa é de que o incentivo seja cada vez maior. Todos nós conhecemos casos em que as empresas não sabem mais o que dar a seus vendedores como incentivo. São viagens cada vez mais caras, prêmios cada vez mais sofisticados e assim se cria uma corrida sem fim. Conheci um diretor que disse que para motivar seus vendedores acabaria tendo que dar uma viagem para Marte.

Num workshop com gerentes de vendas de várias empresas, eles confirmaram que o que realmente motiva seus vendedores em longo prazo é o que o dinheiro não pode comprar: cursos especiais, oportunidades para equilibrar melhor trabalho e família, formas de crescimento e desenvolvimento profissional como visitas programadas a outras empresas etc. Esses incentivos de longo prazo, que aumentam a empregabilidade e oferecem conhecimento e melhor gestão do tempo é que garantem, segundo eles, a diminuição da rotatividade, a dedicação à empresa e o consequente aumento da produtividade. E essa verdade não se refere apenas a vendedores ou à área comercial. Precisamos hoje de colaboradores realmente motivados a dar tudo o que possam para atender bem a clientes e fornecedores, se envolver na solução de problemas e oferecer à empresa ideias inovadoras e criativas que realmente funcionem na prática do dia a dia.

Para isso, precisamos oferecer a nossos colaboradores "motivos" que vão além do salário e de prêmios materiais. Novamente aqui, para atrair e reter talentos, as empresas precisam oferecer condições motivadoras de longo prazo como mais qualidade de vida, possibilitar o equilíbrio entre vida pessoal e vida profissional, oferecer oportunidades de conhecimento, crescimento e prestígio social, enfim um ambiente motivador para a excelência pessoal e profissional.

Prêmios em dinheiro não conseguem motivar pessoas em longo prazo, e muitas empresas continuam insistindo nesse caminho. Motivação, portanto, é ato de vontade. Eu tenho que encontrar na minha vida, no meu emprego, nas minhas condições, motivos para fazer mais e melhor aquilo que eu acho que devo fazer. Motivação é querer buscar, com inteligência e vontade, os motivos para fazer melhor. Eu tenho que encontrar motivos para acordar cedo, pesquisar na internet, dar uma aula diferente, educar meus filhos, ir a uma reunião que é longe, isto é motivação. A motivação ciclotímica, como se chama, que hoje estou motivado e amanhã não, não é motivação, mas sim um estado de ânimo momentâneo.

A motivação é um ato de vontade. Eu tenho que encontrar na minha vida, no meu emprego, nas minhas condições, motivos para fazer mais e melhor aquilo que eu acho que devo fazer.

13

O que dizer da tal "atitude mental positiva"?

Você tem duas maneiras de observar um meio copo de vinho: pode ver o que falta para encher, ou a parte cheia. Às vezes, temos a tendência de ver somente a parte vazia, a que já acabou. Outras vezes, a que ainda tem meio copo. Quando lemos notícia de jornal sobre o Brasil, por exemplo, podemos saber só as notícias da dengue, do furto, da desgraça; mas, podemos verificar o outro lado, como o aumento da produtividade, da competitividade, que somos a nona economia, ao invés da quadragésima terceira no mundo. Podemos ver os dois lados da moeda.

Para você se motivar, precisará expor-se menos a fatos negadores e negativos e ter uma atitude mental mais positiva, acreditar mais em si mesmo. Essa atitude mental positiva quer dizer que é possível fazer as coisas, apesar das adversidades aparentes. Só pessoas com atitude mental positiva são capazes de fazer as coisas crescerem; quando estas são vistas através de uma atitude mental negativa, quase nunca têm saída. E a atitude mental positiva encontra saídas onde aparentemente a maioria não vê. E pode reparar que quase sempre é assim. Uma embalagem nova, uma forma de logística de distribuição nova numa empresa, um produto novo, são frutos de atitudes mentais positivas. É preciso, no entanto, tomar cuidado com os perigos do pensamento positivo ingênuo. Várias pesquisas publicadas em revistas científicas da área médica comprovam que o pensamento positivo é benéfico para pacientes. Mas, é preciso chamar a atenção de que esses estudos, em sua grande maioria, são feitos com pacientes "em tratamento nos hospitais e clínicas", o que significa que não ficaram esperando que somente o pensamento positivo resolvesse seus problemas de saúde. Buscaram auxílio na ciência.

A jornalista americana Barbara Ehrenreich diz ter verdadeiro pavor do pensamento positivo, mas ela não esclarece que tem realmente horror do pensamento positivo ingênuo ou irresponsável das pessoas que tentam vender o pensamento positivo como solução milagrosa para os problemas de saúde, econômicos e pessoais em geral. A prova disso é que ela diz, com muito acerto que "... o melhor a fazer quando se recebe um diagnóstico de doença grave ou se perde o emprego, por exemplo, é encarar a realidade, descruzar os braços e agir rápido. Aí, sim, o resultado poderá ser muito positivo."

Por isso, temos que tomar muito cuidado com o que eu chamo de pensamento positivo ingênuo ou irresponsável. Lembre-se que, mesmo os mais importantes próceres religiosos não se cansam de afirmar que a própria ciência é um dom de Deus e não se contrapõe à fé. É preciso respeitar a ciência e dela fazer uso consciente e equilibrado. Um treinador ou técnico que vê seu time perdendo tem que fazer mudanças urgentes – ou no time, ou na tática. Não adianta ter pensamento positivo e achar que sua torcida ganhará o jogo. É preciso agir. E qualquer torcedor sabe disso. Na vida não é diferente. Temos que passar do plano da "torcida" para o plano da ação, com equilíbrio e sensatez, mas é preciso agir e não ficar esperando, com pensamento positivo, para ver o que irá acontecer. Poderá ser tarde demais.

Assim, muito cuidado com pessoas e ideologias que advogam o pensamento positivo como solução para todos os problemas. Muitas vezes o que falta a essas pessoas é coragem para agir, para mudar, para enfrentar a realidade e assumir os riscos que qualquer mudança traz.

Mas, entenda que o pensamento positivo concomitante com a ação eficaz é, sem dúvida, a melhor maneira de vencer obstáculos.

14

Qual a real diferença entre entusiasmo e otimismo? Existe?

Entusiasmo é diferente de otimismo: o otimista é um reativo; o entusiasta, um proativo, ele acredita mais em si próprio, na sua capacidade de vencer obstáculos. A palavra entusiasmo deriva do grego *Théos*, "Deus". Os gregos eram politeístas. A vidente de Delfos achava-se entusiasmada, o que significa que possuía o "Deus" dentro dela e, então, era capaz de agir, independentemente das adversidades aparentes. Por isso diziam, os gregos iam a Delfos para que, entusiasmados pela vidente, fossem capazes de realizar a colheita, apesar das intempéries. Isto é ser entusiasmado, é ser proativo, uma pessoa capaz de fazer acontecer, independentemente das condições externas. No Brasil, não precisamos de otimistas, estes são reativos. As condições externas é que me tornam um otimista, um pessimista ou um realista. Por exemplo: vendi bem, estou otimista. O entusiasmado acredita menos nas palavras e mais em si mesmo, na sua capacidade de vencer. O entusiasmo, em Antropologia, é estrutural e não funcional. Não são as condições que me tornam entusiasmado, é o meu entusiasmo que modifica as condições. De que maneira eu posso ser entusiasmado no Brasil se paro num semáforo e vem um menino de dois anos me vender Mentex? Se leio nos jornais as estatísticas da dengue? Então, eu não posso ser um entusiasmado. Na verdade, o que nós não podemos ser é otimistas. Mas, podemos ser entusiasmados, se acreditamos mais na nossa capacidade de vencer as adversidades. Por exemplo, entrar numa ONG que vai trabalhar com aquelas crianças de rua, ou seja, podemos mudar a realidade. Esta é a diferença, as pessoas entusiasmadas podem vencer.

15

Qual a importância da atenção ao momento presente para se vencer? O que isso tem a ver com o novo conceito de mindfulness que vem sendo a coqueluche dos executivos na Europa e EUA?

Vivemos a era da distração. O excesso de informação disponível, a facilidade de acesso, os smartphones e as redes sociais, tudo nos tira a atenção, nos distrai, leva nosso pensamento para longe daquilo que estamos fazendo e devemos fazer. Não conseguimos ter foco!

Nossa mente vagueia de uma informação para outra, de uma foto para outra, de um vídeo para outro, de uma mensagem instantânea para outra, e aí nos damos conta de que o tempo passou e não fizemos o que deveríamos fazer ou cometemos dezenas de erros pela falta de atenção e concentração em nossa tarefa essencial. Há autores que dizem que durante o nosso trabalho, em mais de 50% do tempo, nossos pensamentos viajam para lugares distantes.

Preocupados com esse desafio, empresas e pessoas têm procurado formas de reeducar a nossa atenção. Há empresas como a Google, por exemplo, que oferecem cursos de *mindfulness* (uma forma de exercício de meditação para se concentrar naquilo que está fazendo). Há mesmo universidades famosas: Harvard, MIT, INSEAD, nos Estados Unidos e Europa que já oferecem cursos que ensinam como se concentrar e dar total atenção ao momento presente. Esses cursos ensinam desde como controlar a respiração até a exercícios simples de meditação dos monges orientais e ocidentais como os beneditinos, por exemplo. Mosteiros têm se voltado a ensinar pessoas a prestar atenção ao que estejam fazendo, às pessoas com quem estejam conversando, às leituras que estejam fazendo etc. A verdade é uma só: é preciso reaprender a atenção, a concentração, o foco.

Muitos jovens e adultos se tornaram viciados nas redes sociais e passam o tempo todo reportando, postando, "twitando", o que estão fazendo, mas não se sentem realmente presentes onde estão. São repórteres de sua vida sem vivê-la com intensidade e foco. Conheço pessoas que não conseguem passar mais de alguns minutos sem checar sua caixa de mensagens, suas páginas nas redes e vivem num mundo da mais alta distração. É preciso reeducar a atenção!

E é preciso reeducar a atenção ao outro, à outra pessoa. Estamos correndo o risco de perder a capacidade de conversar presencialmente. Entro numa lanchonete e vejo vários jovens, todos com seus smartphones na mão "conversando" com pessoas que não estão à sua frente. Vejo almoços de família em que todos se voltam para seus celulares e se despedem sem praticamente conversar. Nas empresas, as pessoas estão perdendo a capacidade de se dirigir ao outro e falar. Muitos problemas poderiam ser resolvidos com uma simples troca de opinião verbal, ao vivo, frente a frente, em vez de dezenas de mensagens que entulham caixas postais e geram desinformação.

Faça o exercício de prestar atenção no que estiver fazendo e nas pessoas com quem estiver conversando. Reeduque a sua atenção e você terá mais motivação e muito mais sucesso, pois aprenderá o valor da atenção e do foco.

Assim, é preciso entender que o que fizemos há um minuto já não nos pertence: se eu tomar um café e ele me fizer mal, eu posso tomar um sal de frutas, mas não posso deixar de tomar o café que já foi tomado. Assim como um minuto atrás não me pertence, um minuto à frente também não me pertence. Então, quando é que eu existo? Quando é que eu sou livre? Eu só existo no aqui agora, (no *ic et nunc*, em latim) então, doar-se ao momento presente, prestar atenção, é hoje o maior desafio do ser humano.

16

Há pessoas que abrem portas e há pessoas que fecham portas? Como ser uma pessoa que abre portas?

Há pessoas que têm o dom de abrir portas. A forma empática, alegre, desinteressada, com um transparente espírito de servir, faz com que essas pessoas nunca encontrem portas fechadas e, quando as encontram, as portas se abrem como por milagre.

Em compensação, há pessoas que fecham portas. A forma egoísta, desconfiada, interesseira, dissimulada e invejosa com que agem faz com que as portas se fechem diante delas e quando, por acaso, encontram alguma porta aberta, logo se fecham, diante do olhar espantado dessas "fechadoras" de portas.

Em todos os lugares há pessoas que abrem portas e, infelizmente, pessoas que fecham portas. Vejo em empresas, clubes de serviço, entidades em geral, associações, sindicatos, pessoas que colaboram, participam, dão sugestões positivas e fazem acontecer – são pessoas que abrem portas. Com tristeza, vejo também pessoas que só criticam, não colaboram, nunca têm tempo, fazem fofoca, atrapalham em vez de ajudar. Essas são as que fecham portas.

O que essas "fechadoras" de portas não percebem é que quanto mais portas fecharem, mais longe do sucesso e da felicidade estarão. Quanto mais fecham portas, mais isoladas ficam, pois ficam do lado de fora. Às vezes, tenho a tentação de pensar que existem mais pessoas que fecham portas do que as que abrem portas. É muito triste!

Pessoas que abrem portas são queridas e convidadas a entrar e ainda convidam outras pessoas criando uma rede positiva de bons relacionamentos que as leva ao sucesso. Elas passam dias, semanas e meses abrindo portas, incluindo pessoas, participando e principalmente servindo. Sua vida é abrir portas, e assim todas as portas se abrem para elas.

Já as que se dedicam a fechar portas vivem tristes, sozinhas, sempre do lado de fora com indisfarçada inveja de quem está dentro. Isoladas, não fazem vida com ninguém e se dizem prejudicadas, perseguidas, injustiçadas.

Seja alguém sempre pronto a abrir portas e você encontrará a alegria de viver e conviver e verá que do outro lado da porta há pessoas querendo você.

De que lado você está? Você é uma pessoa que abre portas ou que fecha portas?

17

Como você vê o processo de normatização (padronização) diante disso, não é um paradoxo? Normas e processos não travam as empresas diante da atual necessidade de ser flexível e rápida, principalmente na área de serviços?

Nós estamos confundindo as duas coisas. Uma é a ausência completa de normas e regras, causando a anarquia, isso não é possível. Estamos confundindo desburocratização, velocidade de mudanças, de transformação, com o desmontar tudo. Estamos desmontando tudo, mas não estamos montando nada. O que precisamos é de normas e regras básicas e deixar que o bom senso das pessoas, baseado nessas normas, que devem ser bem explícitas, funcione. Nem 8, nem 80. Empresas que são totalmente desburocratizadas, também não estão tendo sucesso. Então, esta *media virtus* – a virtude está no meio – é que precisa ser buscada. A burocracia, administração devem estar a serviço da empresa, do cliente, e não o contrário.

Uma empresa, para funcionar bem e produzir com qualidade, tem que ter processos, normas e procedimentos definidos e que sejam respeitados por todos. Qualquer tipo de empresa, seja ela indústria, comércio ou prestadora de serviços de excelência, tem padrões que devem ser seguidos e esses padrões são transformados em processos, normas e procedimentos. Se as pessoas, em todos os níveis, não respeitarem as normas, a empresa vai virar uma verdadeira bagunça e a qualidade será totalmente comprometida.

Antes da definição de processos, normas e procedimentos, pode haver uma longa discussão, muitos debates, análise das melhores práticas existentes etc. Mas, uma vez definidos, eles terão que ser obedecidos e rigidamente seguidos por todos, sem exceção.

Conheço pessoas na empresa que não seguem os padrões, não respeitam os processos, as normas e os procedimentos dizendo que não concordam com eles. Ora, depois de definidos, não se trata mais de concordar ou discordar, mas de cumprir e de fazer cumprir. O tempo da discussão já passou e até poderá voltar, mas enquanto a norma e o procedimento estiverem vigentes, temos que cumprir e não discutir o tempo todo, pois isso afeta a qualidade e a padronização com sérias consequências para nossos clientes e para nossa marca.

Para seguir processos, normas e procedimentos é preciso muita disciplina da vontade. Com certeza, haverá sempre várias formas de se fazer alguma coisa, mas quando não cabe a nós essa decisão, o que nos cabe é seguir a decisão tomada.

Ao vermos alguma coisa errada ou com a qual não concordamos, temos o dever de levar nossa opinião aos escalões competentes e mesmo propor mudanças nos processos.

Até que as mudanças sejam decididas pela empresa, só nos cabe acatar e seguir e, se estivermos em posição de chefia, fazer cumprir. Sem o cumprimento rígido de processos, normas e procedimentos não há qualidade.

18

Todos os atuais "gurus" de gestão dizem ser a humildade a maior característica dos grandes líderes. O que é humildade, afinal?

Anteu, na mitologia grega e na mitologia berbere, era filho de Posídon ou Poseidon (deus do mar, conhecido como Netuno na mitologia romana) e Gaia (a mãe da terra) na mitologia. Anteu era extremamente forte quando estava em contato com o chão, já que era filho da mãe da terra. Desafiava todos os seus possíveis rivais para combates corpo a corpo que terminavam invariavelmente com a morte do seu adversário. Um dos seus objetivos era utilizar os esqueletos dos viajantes que matava para edificar um templo em honra ao deus seu pai. No entanto, ele ficaria extremamente fraco se perdesse o contato com a terra. Hércules descobriu a sua fraqueza. Ele entendeu que nunca conseguiria vencer Anteu atirando-o contra o chão. Hércules conseguiu vencê-lo levantando-o do chão, mantendo -o suspenso até a morte.

Como a palavra "humildade" tem sua origem em *húmus* que quer dizer "terra" (latim), que tem a mesma origem de *humanus*, fico pensando na lição de Anteu.

Quando um líder, um chefe, uma pessoa qualquer deixa de ter contato com a terra, com o chão, o que a faz "humilde", começa a voar, a se achar, a perder o contato com a terra e se torna soberbo, arrogante, orgulhoso, vaidoso e aí começa o seu fim até a morte, ele perde a força dos humildes, dos que têm os pés no chão.

E no mundo em que vivemos, são muitos os que querem nos tirar do chão, da terra. São muitos os bajuladores que querem nos fazer acreditar que somos invencíveis. São muitos os que nos querem destruir nos fazendo sair do chão, da realidade, das lições da humildade.

Igualmente, são muitos os que caem na armadilha da vaidade, da soberba e da arrogância sem entender a lição de Anteu que nos ensina: nunca sair do chão, nunca deixar a terra, pois quem tirar os pés do chão, como um moderno Anteu, com certeza ficará fraco e, por certo, será vencido.

Pense nessa lição que a mitologia grega nos dá. Veja como ela nos ensina a nunca tirar os pés do chão, a nunca perder a visão de que ninguém chega ao pódio sozinho, a nunca perder de vista a importância da virtude – a humildade.

Assim, você tem o direito de comemorar suas vitórias, mas cuidado para não ofender os outros, pois o mundo vira e a vitória de hoje pode ser a derrota de amanhã. Ao mesmo tempo em que não devemos adiar alegrias, não devemos ser também soberbos, a ponto de julgarmos que podemos passar por cima de alguém. Quanto mais vitórias, mais conscientes da humildade devemos ser, pois, com certeza ela dependeu de muita gente. Cuidado! "Não cuspa no prato que comeu". Cuidado para não pisar nas pessoas que nos ajudaram. Isso não significa aquela falsa humildade de "eu não mereço". Cuidado com a soberba que sempre gera sentimentos ruins, que se voltarão contra nós.

Momentos da vitória, da tranquilidade da meta alcançada podem ser os mais perigosos. Amyr Klink costuma dizer que, em navegação, a calmaria é o momento mais perigoso, é nela que o navegador se descuida. Muitas vezes uma pessoa chega ao pódio e depois não trabalha mais para manter seu sucesso.

Essa atitude é extremamente perigosa em um ambiente de grandes e rápidas transformações. Temos que estar sempre atentos, com os pés no chão, ou seja, novamente humildes. Uma pessoa que adquire alguma projeção social, por exemplo, deve estar atenta para não deixar o sucesso lhe subir à cabeça, não cair na armadilha da soberba.

Muitas pessoas de sucesso perdem a humildade

e se tornam pessoas insensíveis em relação àquelas que não conseguiram atingir seus objetivos taxando -as de preguiçosas, vagabundas etc. Nem sempre isso é verdade. Há muitas razões para se ter sucesso e muitas razões para não se atingir o sucesso.

Ter a humildade de reconhecer que seu sucesso dependeu de muitos fatores e, principalmente, de muitas pessoas, é fundamental para que o sucesso continue.

19

Você afirma que saber dizer "eu não sei"
ou "não entendi" é uma grande virtude
do homem. Um líder que diz não saber
e não entender não corre o risco de ser
pisado? Há uma dosagem, uma medida
certa para essa humildade?

Como disse acima, há um conceito errado de humildade. Humildade, na verdade, é saber exatamente do que somos capazes, qual a nossa posição relativa no mundo, na sociedade. Não significa ser subserviente ou capacho dos outros. Humildade não significa dizer "não sei", quando sabemos; dizer "não sou capaz", quando é capaz.

Certa vez, vivenciei a seguinte situação: convidaram-me para fazer um trabalho e eu revelei que não me sentia capaz de fazê-lo, tinha 23 anos na época e me lembro que um diretor de uma grande empresa me falou: "Marins, se você se achasse capaz de fazer todos os trabalhos, seria muito presunçoso; na verdade, se alguém o convidou é porque acha exatamente o contrário". Respondi-lhe que queria ter humildade, mas isso não é humildade, rebaixar-se não é ser humilde. E não existe aquilo de ser humilde demais. Conheço pessoas que me irritam um pouco, porque se sentem orgulhosas da humildade que têm, são aquelas que se fingem de humildes. Aquele fingimento do "coitadinho", isso não é humildade.

Humildade é sermos cristalinos, transparentes, respeitar o outro, sermos simpáticos. Por exemplo, um chefe que vê um erro num subordinado, qual será a atitude de humildade dele? Chamar o subordinado, explicar-lhe o erro e corrigi-lo; ou ser "humilde" e dizer "eu não vou corrigir o erro". Em um cargo de chefia, é preciso ter a humildade de chamar o subordinado, dar a punição necessária e fornecer orientação, tudo com humildade, sem prepotência. Um chefe age com humildade quando "odeia o pecado e ama o pecador", ou seja, age com firmeza, respeitando sempre a pessoa. É isto que está muito confuso na cabeça das pessoas.

Eu tenho amigos, professores de universidade, que deveriam escrever livros, pessoas de muito conhecimento em áreas muito fortes, mas não os escrevem por medo da crítica. Isto não é humildade, pois ele sabe que alguém vai pegar o livro e criticá-lo. Eu mesmo, uma vez, estava num avião e o diretor de um banco, amigo meu, carregava meu livro **SOCORRO! TENHO UM SÓCIO** – sem saber que eu era o autor e comentou que nunca tinha lido um livro tão ruim, mas o patrão dele tinha adorado. Quando percebi que ele não sabia que eu era o autor, fiquei quieto, para não deixá-lo chateado. Mas, o que eu tenho que entender? Que, para ele, que nunca teve sócio, aquele livro não fazia muito sentido. E eu tenho a humildade de entender que não é 100% do público que irá gostar do meu livro. Na maioria das vezes, esse medo de vencer é consciente ou inconsciente?

Creio que, na maioria das vezes, seja inconsciente. Mas, é possível que seja meio fronteiriço. Por exemplo, o que você acha de uma pessoa que tem a potencialidade para escrever um livro, que poderia ser um sucesso, mas não escreve? Esse processo é inconsciente ou consciente? Já no campo empresarial, há casos de empresas que começam a lograr grande sucesso e seu dirigente fica com medo desse sucesso e questiona: "Será que não é melhor eu ter mais tempo para mim"? Aí reside o medo de vencer.

20

Existem coisas específicas que possamos fazer para vencer o medo de vencer?

1 - Acabar com as velhas imagens de si mesmo

É preciso refazer aquela imagem de perdedor, que, às vezes, vem desde a infância, como aquela mãe que diz para o filho: "Você não vai dar nada na vida", "Você puxou a tio fulano", "Você é feio". Essas imagens negadoras e negativas, que foram colocadas dentro desse indivíduo, certa hora precisam ser eliminadas. E como acabar com isso? Uma das armas modernas é a neolinguística, e outras centenas de maneiras para tomarmos consciência de que somos merecedores de uma imagem positiva do sucesso. A primeira coisa que temos de fazer é acabar com velhas imagens de perdedor(a).

2 - Investir em si mesmo

Não é só acabar com velhas imagens, mas também investir em nós mesmos. Pois, não adianta falar que somos merecedores e parar aí, temos de estagnar o plano do choro e passar ao plano da ação. Investir em nós mesmos. Uma vez que nós nos achamos vencedores, capazes, é preciso investir em nós mesmos, naquilo que iremos fazer. Então, temos de ler, de estudar, de entrar num curso, de entender o produto que vendemos, enfim, temos de investir em nós mesmos. A maioria das pessoas para num primeiro estágio. Investimento não e só dinheiro. É tempo, energia, dedicação, é autodisciplina. Fundamentalmente, hoje, o que diferencia aqueles que vencem dos que não vencem é a coragem de um investimento real em si mesmo.

3 - Não ser ativista

O ativismo em Filosofia é o seguinte: faço, faço, faço... Mato um leão por dia. Trabalho das seis da manhã às oito da noite. As perguntas são: será que estou fazendo o que deveria? Será que o que faço está me levando ao sucesso? Será que essa minha ânsia de fazer levará minha empresa também ao sucesso? O ativismo é um aplacador de consciência muito perigoso, pois o indivíduo trabalha muito, chega à exaustão e cria a falsa ideia de estar contribuindo. Sua empresa quer seu sangue ou sua inteligência? Daí é que surgem aquelas pessoas que, ao serem demitidas, julgam a empresa ingrata, uma vez que trabalharam muito. Muito em quantidade, mas pouco em resultados. Será que ele era produtivo ou apenas ativo? Será que ele só era ativo ou também criativo? As pessoas de sucesso não são ativistas, elas têm tempo para praticar tênis, para caminhar. Os ativistas trabalham muito para terem a sensação de estar trabalhando (produzindo), mas, na verdade, não estão, os resultados são mínimos.

4 - Comprometer-se

Comprometer-se é muito importante. As pessoas e as empresas de sucesso são aquelas que se comprometem. Comprometem-se com o sucesso do cliente, seja ele interno ou externo. O que notamos quando uma empresa não está comprometida? Quando, por exemplo, compramos um televisor e ele quebra, travamos uma luta para consertá-lo, porque percebemos que aquela empresa não está comprometida com seu cliente. Se assim fosse, estaria pronta para resolver o problema. Qual é o melhor funcionário de sua empresa? Não é o mais rico ou o mais inteligente, é o mais comprometido. Qual é o melhor marido, amigo, pai? É o mais comprometido com o sucesso da esposa, do amigo, do filho. As pessoas de sucesso são aquelas com um alto grau de comprometimento com aquilo que executam.

5 - Vencer a inveja

Nós imaginávamos que pessoas bem-sucedidas não sentissem inveja. Veja o que elas nos disseram: "Sim, eu sinto inveja, só que procuro vencê-la". Vencer é um ato de vontade. A sua loja está cheia, a minha em frente está vazia, é claro que haverá inveja. Ninguém é santo. O que temos é que vencer essa inveja, pois, se nos deixarmos dominar por ela, esse sentimento negativo vai nos fazer muito mal. O desafio é, mais uma vez, um ato de vontade: o de vencer a inveja.

6 - Não dar desculpas

Pessoas de sucesso não dão desculpas para os erros ou para os fracassos, elas os assumem. Outro dia ocorreu algo interessante: numa revenda da GM, uma moça comprou um Vectra, que apresentou um pequeno defeito, logo na primeira semana, sendo obrigada a levar o carro para consertar. Enquanto permanecia na oficina, a revenda emprestou-lhe um Palio, da Fiat. Ela adorou o Palio e ficou em dúvida se ainda queria o Vectra. É um absurdo oferecer um produto de um concorrente. Liguei para revenda, e qual foi a desculpa que me deram? Como a locadora contratada só tinha Fiat, o carro emprestado foi um Fiat. Será que existe desculpa para isso? Empresas e pessoas perdedoras vivem a dar desculpas. Adianta chegar atrasado e colocar a culpa num trânsito que é sabidamente ruim?

7 - Cumprir as promessas

Vencedores cumprem suas promessas, grandes e pequenas. E, muito mais importante do que cumprir promessas grandes, é cumprir as promessas pequenas. As debilidades que mais nos atrapalham são as pequenas. Como, por exemplo, aquelas férias que você prometeu e não gozou, o futebol de seu filho que você não assistiu, o cigarro que ainda não largou. São as pequenas dificuldades do quotidiano que nos debilitam, nos tornam frágeis. Ou cumpra ou não prometa. Se prometer um chaveiro ou uma camiseta, terá de levá-los. As pessoas de sucesso cumprem suas promessas.

8 - Acabar com a presunção

Os vencedores não presumem aquilo que não são. A maior presunção é supor que podemos agradar a todos a um só tempo, crer que a nossa empresa fabricará sempre produtos 100%. É possível errar. Isso é que é humildade, é não ter a presunção de acertar sempre, saber que coisas erradas podem acontecer. Vou contar uma história de uma pesquisa muito interessante, nessa área de cliente. Foi comprado um produto e, durante dois anos de uso, não apresentou nenhum defeito. Qual o índice, então, de satisfação em relação ao produto, de zero a 100? A resposta foi 80. Por que não 100? Porque o cliente nunca dá 100. Por outro lado, o produto deu defeito, o cliente foi muito maltratado, tendo que passar por uma odisseia para consertá-lo; neste caso, o índice de satisfação foi de 20%. Por que não zero? A explicação é que o consumidor culpa-se por ter comprado o produto. Agora, pasmem com a terceira situação: o produto comprado deu defeito e o cliente foi maravilhosamente bem atendido, o problema foi resolvido rapidamente. Qual o índice de satisfação? Foi de 90%, mais do que não tendo apresentado defeito. Portanto, qual é a presunção da empresa? Achar que nunca vai acontecer absolutamente nada e tomar uma atitude presunçosa e arrogante.

9 - Ser polido e educado

As pessoas de sucesso têm essa característica. A mesma perna que o aborígine australiano arranca do carneiro, põe no fogo e morde, o diplomata come com 12 talheres, copos, charutos etc. O que é a civilização? É "frescura", mas são detalhes que fazem parte da vida. O que notamos é que as pessoas de sucesso são polidas e dizem as três palavras mágicas: com licença, por favor e obrigado. Agradecem aos clientes pela preferência, não são arrogantes. Isso faz a diferença. Não adianta convidar alguém para jantar o melhor peixe do mundo, se for servido num prato "colorex", o vinho num copo de requeijão, com uma faca de churrasco, um garfo faltando um dente. Não adianta ter o melhor peixe e o melhor vinho, é preciso, também, o melhor continente. Isso faz parte da civilização. As pessoas e as empresas vencedoras são polidas e educadas no tratar com os outros.

10 - Participar da comunidade

As pessoas e as empresas de sucesso que nós estudamos participam da comunidade. Elas sentem obrigação para com a comunidade. Sempre participam de projetos comunitários, quer filantrópicos, quer culturais e educacionais. "Aquilo que eu sou, o que eu tenho, devo-o à comunidade". Esse sentimento é muito interessante. A empresa também nutre esse mesmo sentimento, de ser grata à comunidade na qual é instalada. As empresas de sucesso não são fechadas à comunidade.

11 - Heróis do quotidiano

Outra coisa que nós identificamos nas pessoas de sucesso é que elas são heroínas do quotidiano, não salvaram um soldado do Vietnã, nem uma criança do poço. Heróis do quotidiano são aqueles que agem corretamente todo dia: não cospem no chão, jogam o papel no lixo, atravessam a rua pela faixa, dizem as três palavras mágicas. Enfim, são aqueles que fazem falta ao mundo, pois executam as pequenas coisas de maneira correta. Existe algo mais espetacular do que devolver o que se tomou emprestado? São heróis do dia a dia, pessoas que se preocupam em fazer as coisas certas. Isso é um diferencial muito grande.

12 - Fazer networking

As pessoas e os empresários de sucesso fazem o networking. E o que é isso? Uma rede de relacionamentos. O que eles fazem? Vão a casamentos aos domingos, às três da tarde; vão a palestras para as quais são convidados ou mandam um representante; vão a velórios de amigos, pais de amigos; visitam doentes. Se você se surpreender com minha visita, quando a situação for inversa, sentirá a obrigação de fazer o mesmo. Essas pessoas dão importância às relações sociais. As pessoas de sucesso não são preguiçosas em se relacionar socialmente, elas valorizam o networking. Se hoje eu o cumprimento pelo seu aniversário, a tendência é que você faça o mesmo. E essa ligação em networking faz muita diferença.

21

Um líder deve ter foco. No que ele deve ser focado para ter sucesso em sua liderança?

Daniel Goleman, festejado autor de **Inteligência Emocional**, fala de três focos essenciais que um líder deve ter:

1º - **Foco Interno** – o líder tem que prestar atenção aos seus sentimentos internos, acreditar nos sinais dados pelo seu corpo, acreditar nos seus sentimentos não racionais. Ele dá como exemplo aquela sensação estranha que você tem quando alguma coisa não vai dar certo naquele negócio ou decisão. Grandes líderes obedecem a essas reações. Bons líderes conhecem e respeitam suas reações internas.

2º - **Empatia** – o líder deve aprender a se colocar no lugar de seus liderados. Ele cita três tipos necessários de empatia:

(a) **Empatia cognitiva** – quando o líder procura entender as razões e argumentações de seus liderados, dialoga com eles buscando a compreensão racional da situação.

(b) **Empatia emocional** – quando o líder procura entender como seus liderados estão se sentindo em determinada situação. Qual o papel que as emoções podem estar tendo.

(c) **Empatia de servir** – quando o líder demonstra a seus liderados que está disposto a ajudá-los a crescer. É uma empatia de lealdade em relação a seus liderados, demonstrando confiança.

3º - Foco Externo – o líder tem que entender o sistema em que está inserido. Ele deve conhecer as políticas, a visão, a estratégia de sua empresa e de seu setor e saber trabalhar com essa visão sistêmica.

Muitos líderes podem ser excelentes em um ou dois desses focos e ainda assim não terão sucesso. Há líderes que têm foco interno e muita empatia, mas não conseguem entender o sistema em que estão inseridos. Há líderes que entendem muito bem o sistema da empresa e do setor mas não têm empatia. Assim, é preciso desenvolver esses três focos para uma liderança eficaz. E esse desenvolvimento é possível através da consciência de sua necessidade e autodesenvolvimento do líder, que deverá prestar muita atenção nesses três focos durante o exercício de sua liderança.

22

Por que saber ouvir é essencial para o sucesso?

As pessoas que não têm medo de vencer adquirem capacidade muito grande de ouvir, possuem empatia do ouvir. Esta é uma característica dos bem-sucedidos nas chefias. Eles ouvem com sentimento, com atenção. Quando os analisamos – essa análise foi feita, perguntando-se a outras pessoas por que algumas delas alcançaram sucesso –, a maioria salientou a capacidade de ouvir daquele chefe, daquele líder, como algo que encanta aos que estão a seu redor. Não adianta a chamada "administração de portas abertas", se o indivíduo pode entrar, mas não será ouvido. A atitude de ouvir é uma das características mais fortes nas pessoas de sucesso.

Vimos que pessoas de sucesso, antes de tudo, são aquelas que ouvem. Mas, também, são aquelas que têm grande capacidade de se comunicar, tanto com superiores quanto com subordinados. Uma característica própria do ser humano é a capacidade verbal, seja ela de forma escrita ou oral. A comunicação é fundamental ao sucesso do ser humano. Todos os grandes líderes do mundo: Hitler, Kennedy, Luther King, perceberam o poder da comunicação. Não adiantam grandes ideias, se não soubermos comunicá-las, para contagiar os outros. Não adianta, também, um chefe que só ouça, ele precisa comunicar o que pensa. Criam ansiedade muito grande na empresa chefes que são maus comunicadores. Assim como os melhores subordinados, considerados pelos chefes, são aqueles que se comunicam de maneira correta, direta, eficiente. Podemos observar funcionários que identificam erros numa empresa e calam-se, e outros que os comunicam. Veremos que, dependendo da forma que essa comunicação é feita, prezaremos muito mais os que comunicam os erros, os que opinam. Portanto, além de saber ouvir, é importante ser um bom comunicador.

Eu acho que ouvir é um exercício, um ato de vontade. O ouvir pode ser mecânico ou não. Há uma diferença entre ouvir com ou sem sentimento. Quando um cliente diz que é vegetariano, a maioria ouve sem o compromisso. O compromisso de ouvir é algo forte e difícil de assumir. Na verdade, temos a tendência de fazer gestos e posturas corporais, muito educados, de estar ouvindo, mas, na verdade, não é o que acontece. Se o que foi ouvido não transformar comportamentos em ações, então, nada foi ouvido, apenas escutado.

Na minha opinião, uma das coisas mais difíceis na sociedade ocidental contemporânea, que é muito veloz, é justamente a disciplina de ouvir. Eu fiz uma enquete no Fórum da Mulher Paulista a respeito do que elas menos gostam ou mais odeiam em seus maridos. A quase unanimidade afirmou que eles não as ouviam, simplesmente não se dispunham a ouvir. Imaginemos que, se num casamento um se dispusesse a ouvir o outro, muitos teriam dado certo. Essa disciplina de ouvir constitui um fator determinante de sucesso.

23

Ouvir basta?

Um dos mais interessantes livros que li foi o de Simon Sinek, LEADERS EAT LAST (Líderes comem por último). Bacharel em Antropologia Cultural pela Brandeis University, EUA, o autor é fascinado pelos aspectos antropológicos da liderança. No livro, ele aborda as raízes evolucionistas da liderança e faz uma interessante relação com o mundo empresarial.

O título do livro foi inspirado numa conversa que o autor teve com um general do corpo de fuzileiros navais da marinha norte-americana, que lhe disse: "Aqui os oficiais comem por último".

Na verdade, os fuzileiros jovens comem sempre em primeiro lugar, enquanto os oficiais seniores aguardam a sua vez no final da fila para tomarem sua refeição. Ou, como sublinha o autor, "... os grandes líderes sacrificam o seu próprio bem-estar pelo bem-estar daqueles que estão ao seu cuidado".

Em síntese, o que ele afirma, com base na análise de dezenas de empresas e organizações de sucesso, é que o verdadeiro líder é alguém que coloca os interesses dos outros (seus liderados) à frente dos seus próprios interesses. Ele faz as pessoas sentirem-se seguras e afirma que "... quando nos sentimos seguros no meio dos nossos semelhantes, existe uma predisposição muito maior para redirecionar a nossa energia no sentido de nos protegermos a nós próprios e nossos interesses coletivos." A realidade, afirma o autor, é que aquele tipo de liderança autocrática, impositiva, individualista, isolada, que formava a imagem dos grandes líderes no passado, simplesmente não funciona mais.

O verdadeiro líder de hoje é aquele que participa, acompanha, ajuda, se faz presente, protege e dá segurança ao grupo. Ele não fica no seu gabinete dando ordens. Ele vai onde as pessoas estão e entende as dificuldades concretas do trabalho e das tarefas. Ele, de fato, e não apenas em palavras, é disposto a correr riscos para proteger seus liderados nas situações mais difíceis. Com isso, ele forma uma equipe segura, confiante e disposta também a dar tudo de si para o sucesso da empresa ou de uma missão. As pessoas hoje querem trabalhar em rede, em grupos, trocando ideias e experiências. Elas querem se sentir seguras e para isso precisam de líderes que as protejam. Da mesma forma que no mundo primitivo o líder oferecia segurança à tribo, hoje, as pessoas querem um líder em quem possam confiar totalmente.

Certa vez, convidei um grande empresário, dono de uma construtora que contratava engenheiros, para falar aos alunos do último ano de Engenharia sobre o que ele queria de um engenheiro, quais as habilidades que deveria ter. Para surpresa de todos, o empresário declarou que o bom engenheiro é aquele que sabe contatar com o cliente, sabe transformar, comunicar seu conhecimento para terceiros, seja em forma de proposta, seja em forma de orçamento. Se eles não soubessem muito da área técnica de Engenharia até poderia se dar um jeito, com o tempo se aprende, o problema é que esses profissionais não são capazes de elaborar uma proposta para apresentar ao cliente. E concluiu: "Se vocês não forem bons em Engenharia, eu posso ensinar, o resto não". O fator comunicação, em todas as áreas, é muito importante.

> *A capacidade de se comunicar é um atributo fundamental em uma pessoa de sucesso.*

24

É difícil elogiar? Este é um hábito de pessoas superiores?

O chefe, o diretor, o patrão, às vezes, se confundem. Eles acham que ser chefe é encontrar erros, punir. Pensam: "Se eu começar a elogiar muito, o sujeito vai pensar que tem o rei na barriga e se aproveitará de mim". Há engano em crer que ser autoridade é encontrar erros para corrigi-los. Os sistemas estruturalistas são exemplos disso, ou seja, a forma condiciona o conteúdo.

Eu tinha uma secretária que nunca me dava recados. Quando as pessoas me encontravam diziam que nunca conseguiam falar comigo. Ao questionar isso, a secretária explicou os motivos. Funcionava como um filtro de informações muito forte para mim, selecionando toda comunicação que me era dirigida e isso era um problema. A solução foi dizer-lhe que deveria, a partir de então, dar-me 20 recados por dia. "Que vinte recados?" perguntou. "Não sei", respondi-lhe, "mas eu quero 20 recados. No seu dia há de ter ocorrido 20 coisas para você me contar". Dois meses depois de aplicar esse sistema, acabou-se o problema. Ela aprendeu a não filtrar as informações dos outros. Dessa mesma maneira, você terá de elogiar três pessoas por dia. Quem? Não sei. O empregado, o motorista de táxi, o jardineiro etc. Preste atenção às coisas positivas que as pessoas fazem. Você deve se reeducar. Eu me lembro de um sujeito que tomou um táxi comigo em Nova Iorque (NY) e pouco depois fez um elogio ao motorista. Indaguei-lhe o porquê do elogio e ele respondeu que queria transformar Nova Iorque em uma cidade melhor e que motoristas de táxi eram a pior raça. "Então, quando encontro um bom eu elogio, pois tenho certeza que, com isso, ele será educado com o próximo passageiro e, se esse próximo fizer o mesmo, ele passará o dia repetindo a ação: será um louco a menos na cidade". Esse é o herói do quotidiano.

Portanto, reforçando os pontos fortes, a pessoa tem mais chance de repetir a ação. Se eu elogio, inesperadamente, a gravata de alguém, toda vez que essa pessoa olhar para aquela gravata vai se lembrar do meu elogio. Esse vai ser um referencial. Quando se reforça um comportamento positivo, a tendência é a repetição.

Há outro lado dessa questão: nem todas as pessoas estão acostumadas a receber elogios.

Cito uma situação ocorrida comigo, em um voo comercial. O comandante me chamou muita atenção, pois, durante o percurso, ele falava de cidades, fatos históricos, sempre de forma bem dosada, informando sem chatear o passageiro, sem dúvida, algo fora do comum. Quando chegamos ao destino, pedi à comissária para falar com o comandante. Ela ficou um pouco tensa, perguntou se não poderia ajudar. Agradeci, mas insisti que queria falar com o comandante. Quando ele veio ao meu encontro, percebi que também estava apreensivo. Então, eu o parabenizei pelo seu trabalho diferenciado. Senti que ele ficou 'desarmado', aliviado. Sorriu, agradeceu e comentou: "Seria tão bom se o meu chefe ouvisse isso".

Isso acontece porque a maioria das pessoas, quando entra em contato com uma empresa, é para reclamar, não para elogiar. Se um frentista riscar seu carro, você irá reclamar, mas, se limpar algo, ele não terá feito mais que sua obrigação. Se não reforçarmos os comportamentos positivos, eles não se repetirão. Com esse procedimento, criaremos empresas melhores, um mundo melhor.

Temos de tomar cuidado com os elogios não fundamentados. Eles não dão resultados positivos. E o que seria isso? Todos sabem que certo funcionário não é aquilo que finge ser, que ele faz um marketing bom com o seu patrão. Se eu elogio esse funcionário, poderá gerar desmotivação nos outros, uma vez que "ele é um 'sem-vergonha', não trabalha", mas faz um marketing interessante e o patrão vive elogiando-o.

Precisamos tomar cuidado ao elogiar, pois é uma moeda que precisa ter valor. Elogie somente o que merece ser elogiado. Se você elogiar tudo a toda hora, não haverá nenhum valor.

Essa história de "virar a mesa" na frente dos outros, ou esperar uma situação pública para chamar atenção de alguém, principalmente de um subordinado, é falta de respeito com essa pessoa. Sempre que necessário devemos repreendê-la, se possível, individualmente. E toda vez que houver a certeza de que essa pessoa realizou algo de notória importância, deve ser elogiada em público, até como exemplo.

25

É verdade que pessoas de sucesso controlam bem suas finanças?

Esta é uma premissa de nossos avós, de pessoas de bom senso e sabedoria. Como alguém pode ter sucesso devendo na praça? Gastar menos do que ganhar, do ponto de vista financeiro, significa ter reservas, também. Não podemos ser uma pessoa de sucesso, tranquila para ter ideias criativas, de bom humor, se gastamos mais do que ganhamos. Quando devemos, ficamos devedores.

A palavra débito gera outra, debilidade, que vem de débil. O que é uma pessoa debilitada? É uma pessoa que deve. O que é uma pessoa crível? Aquela que tem credibilidade, crédito. Na sociedade, teremos de estar sempre credores. "Alguém deverá ficar devedor, não eu".

A grande luta de hoje é aumentar a credibilidade. Isso é o que falta aos políticos. Aumentamos credibilidade quando fazemos mais do que esperam de nós. Vamos gastar menos do que ganhamos. Não há outra fórmula: para vencer numa sociedade competitiva como a nossa, devemos ser credores, não devedores.

Esse é um problema. Essa coisa de "dar para comprar", porque a empresa facilita em três ou quatro vezes, é falsa. O consumidor vai ter de pagar um dia. Com o Plano Real, as pessoas transformaram o salário em prestações de 36 meses e quebraram. São 36 meses que ficarão sem parte da renda para fazer outras coisas. As pessoas têm de tomar o cuidado de não aceitar o apelo da sociedade de consumo. Devem ter disciplina de gastar menos do que ganham.

Não podemos ficar tranquilos, fazermos um bom trabalho, com dedicação, devendo na praça. Precisamos estar equilibrados financeiramente para nos tornar produtivos.

26

O perdão e a capacidade de perdoar têm efeitos práticos no ambiente de trabalho? Quais são?

Ficar preso em posições de culpa é uma sensação muito forte. Se errou, não fique elaborando, ruminando o erro por muito tempo. Perdoe-se a si mesmo e parta para outra. E perdoe os outros. Assim como você erra, outras pessoas erram. O que notamos é que aquelas que não são vitoriosas, que não obtêm sucesso, não conseguem perdoar, têm sempre aquele sentimento de vingança, isto é muito negativo. Pessoas que não se perdoam são doentes.

Lemos nos livros de psicanálise que o grande problema das neuroses e psicoses é a dificuldade do indivíduo em perdoar seus próprios erros. Há casos de filhos e filhas que tiveram desavenças com os pais e, pelo fato desses morrerem, sem tempo de uma reconciliação, nunca se perdoam. Isso é doentio.

A Gratidão é um reconhecimento por um bem que alguém nos fez. A palavra vem do latim *gratia* que significa "honra" ou "homenagem que se presta a alguém". Daí as palavras *agradecimento, agradar, gracioso, congratulação, gratificar* e mesmo a palavra *ingratidão*.

Já o Perdão vem do prefixo latino *per* que quer dizer ação completa e total e o verbo *donare*, doar. Assim, o perdão é um ato de generosidade e busca de esquecimento de algo de que se foi vítima. Quem perdoa age deliberadamente dando seu perdão a alguém.

Então, minha proposta é que você tenha o hábito de agradecer a todos aqueles que ajudam ou ajudaram, direta ou indiretamente, você e sua empresa. Agradeça a seus amigos e colaboradores. Agradeça a seus colegas de trabalho. Agradeça a seus fornecedores. Agradeça a seus terceirizados. Agradeça àquelas pessoas quase anônimas que trabalham com você. Agradeça à sua família, seu chefe, seus subordinados. Não economize gratidão. E você verá o quanto se sentirá bem.

Da mesma forma, minha proposta é que você faça um grande esforço de perdoar. Perdoe aquela pessoa que falou mal de você. Perdoe e esqueça. Perdoe aquele concorrente que tentou prejudicar você. Perdoe e esqueça. Perdoe aquele(a) colega de trabalho que quis puxar o seu tapete. Perdoe e esqueça. Perdoar faz bem à alma. Você verá o quanto se sentirá bem.

27

Pessoas de sucesso cumprem o que prometem e pagam suas dívidas em dia ou isso é mito?

É verdade. Pessoas (e empresas) de sucesso duradouro têm por virtude cumprir o que prometem e pagar suas contas em dia.

Conheço pessoas e empresas de enorme sucesso que têm por estratégia vencedora pagar no vencimento, ou mesmo antes, seus fornecedores. Conheço empresas e pessoas que são consideradas especiais para seus fornecedores de produtos e serviços pelo hábito de pagar em dia ou mesmo adiantadamente. Conheço fornecedores que fazem de tudo para nunca faltar para alguns clientes porque sabem que esses clientes pagam.

Um diretor financeiro de uma empresa disse-me que nunca teve problemas de fornecimento em sua empresa, num setor onde a relação clientes-fornecedores é muito crítica. "Quando a minha tesoureira diz que algo vai vencer no domingo, eu a instruo para que seja pago na sexta-feira, mesmo que ela argumente que 'o dinheiro ficará um final de semana na conta de outra pessoa, enquanto poderia ficar na conta da nossa empresa".

Há pessoas e empresas que entendem essa estratégia que pode até ser considerada uma "estratégia de marketing". Há outras que pagam sempre no dia seguinte ou atrasam ao máximo os seus pagamentos, irritando profundamente seus fornecedores.

Certa vez, ouvi um fornecedor dizer a um empresário na frente de quem quisesse ouvir: "Os únicos que pagam em dia são vocês, quando não pagam antes". E, ao ser questionado, esse empresário disse que, mesmo perdendo as aplicações de juros, ele sempre pagava em dia ou um pouco adiantado, e graças a isso "... quando preciso de algum material em falta no mercado, sempre consigo; o fornecedor deixa de efetuar a entrega para outro, mas nunca deixa de fazê-la para mim."

Esta é uma forma de surpreender: onde todos não cumprem prazo, onde ninguém paga em dia, onde ninguém devolve o que pede emprestado, você será alguém diferenciado, fazendo exatamente o oposto.

Da mesma forma é o cumprimento de prazos e horários. Quanto vale a tranquilidade de um organizador de eventos, sabendo que o artista ou mesmo o palestrante chegará sempre uma hora antes do horário? Lembram-se do Tim Maia? Há uma brincadeira a respeito dele, que diz que ele chegou atrasado ao próprio velório. Um empresário fechava um contrato para um show dele e pensava: "Se Deus quiser, ele aparece". Esse comportamento fazia com que os empresários tivessem muito medo de contratar o Tim Maia, mesmo com todo o seu talento, relatou-me um organizador de eventos.

28

Existem pessoas que tomam decisões no calor de uma forte emoção. Qual o perigo das decisões emocionais?

Decisões emocionais são perigosas. A emoção embaça a razão, e no calor da paixão quase sempre nos precipitamos no erro. A emoção tem prazo curto de validade. Ela passará quando a razão conseguir retomar o seu papel de comandante de nossas ações. E, com a volta da razão, chegam junto o arrependimento e a mágoa, o mal-estar e, muitas vezes, a vergonha. É preciso evitar decisões emocionais.

A pressão por resultados num mundo extremamente competitivo; novas tecnologias e processos para dominar; o desejo e a necessidade de fazer novos cursos; um novo chefe; um novo patrão; os comentários de cortes na empresa; filhos, pais, maridos e esposas demandando atenção; a convivência diária com pessoas que não nos são simpáticas, que pensam e agem diferente de nós; a conta bancária negativa..., e mais uma lista de coisas que você mesmo pode completar, podem nos levar a tomar decisões emocionais. Não é fácil, eu sei. Mas é preciso cuidar para que a emoção não assuma o comando de nossa vida e nos faça tomar decisões sem o concurso da razão. Boas oportunidades podem ser perdidas pelo domínio da emoção. Conheço pessoas boas que não foram promovidas por não terem bom domínio emocional. Conheço fornecedores que perderam bons clientes por deixarem a emoção dominar as relações comerciais. Conheço famílias e casais desfeitos por decisões tomadas sem o uso da plena razão. Não deixe isso acontecer com você. Procure um lugar calmo; faça uma lista de prós e contras; pense o que aquela situação representará dali a cinco anos.

O melhor conselho é deixar a raiva passar, a emoção baixar, acalmar o espírito e retomar a razão, antes de decidir.

O nervosismo, o cansaço, impedem o bom senso, a clareza de raciocínio. Nesses casos, deveremos tomar decisões no dia seguinte, depois de baixar a poeira. Espere as coisas se relativizarem. Se tomarmos decisões nervosos, cansados, correremos o risco de nos arrepender depois. Esta é a sabedoria de esperar a volta do bom senso. Lembro-me de alguém que me dizia: "Sempre que você for brigar com seus filhos, imagine este problema 10 anos depois, se você ainda vai lembrar". O que vai significar uma bebedeira que o menino tomou numa festa de aniversário daqui a 10 anos? Nada. Às vezes, tomamos decisões no calor das emoções, do stress, do cansaço. Seguramente, essas não serão as melhores.

É preciso compreender que nós, brasileiros, somos muito vulneráveis emocionalmente em situações adversas. A emoção toma conta de nós e não conseguimos ter o domínio da razão como seria apropriado, principalmente em situações difíceis. Assim, na empresa, é preciso que os dirigentes prestem muita atenção ao "clima emocional" de seus colaboradores. Muitas vezes uma pequena adversidade ou derrota pode fazer com que toda a empresa perca o foco e passe a cometer erros impensáveis em situações normais. Conheço casos em que a perda de um cliente importante gerou a perda de vários clientes numa sequência inexplicável. Sei também de vários casos em que um colaborador, com papel de liderança, deixa a empresa e os que ficam entram num estado de profunda depressão coletiva por um longo período. Todos nós conhecemos também a realidade de que no Brasil confundimos o erro com a pessoa que errou. Quando chamamos a atenção de alguém por um erro cometido, geralmente a pessoa toma pelo lado pessoal e não profissional, com sérias consequências emocionais, muitas vezes para toda a empresa. Tomamos o lado do mais fraco, muitas vezes, independentemente da razão.

Temos, também, forte tendência a buscar culpados quando as coisas dão errado em vez de trabalhar imediatamente na solução dos problemas. Ficamos abatidos e buscamos sempre alguém para culpar. De um minuto para outro, heróis viram vilões. O interessante é que o mesmo não ocorre nas vitórias. As vitórias são sempre produto da equipe, do grupo, da empresa. As derrotas sempre atribuídas a pessoas. Isso faz com que as chefias tenham receio em tomar decisões arriscadas, muitas vezes fazendo a empresa perder grandes oportunidades. O medo de errar, pela crítica pessoal ao erro, faz com que a omissão passe a ser a regra. Buscar o culpado, muitas vezes, nos desvia de agir em direção à solução.

Para nós, das empresas, não nos cabe discutir se isso tudo é bom ou ruim. O que temos é que desenvolver uma competente estratégia para trabalhar com essa realidade do Brasil e dos brasileiros.

> - Você alimenta a emoção negativa comentando com outras pessoas a sua raiva ou mal-estar?
> - Você evita ficar próximo a pessoas que têm o hábito de falar negativamente sobre pessoas?
> - Você tem o hábito de fazer uma lista de prós e contras de uma pessoa ou situação antes de tomar qualquer decisão mais grave?
> - Você tem o hábito de pensar no que aquele fato ou situação representará para você em cinco ou dez anos?
> - Quantas vezes já se arrependeu de decisões tomadas emocionalmente?

29

Como trabalhar e conviver com pessoas que "se economizam" e não dão tudo o que podem para o sucesso de uma empresa ou ação?

De fato, há pessoas que vivem se economizando. Isso é uma ilusão. Se não dermos o melhor de nós num trabalho, porque não o apreciamos, a nossa obrigação é mudar de trabalho. É procurar uma coisa que queiramos fazer e na qual estejamos dispostos a nos doar totalmente. O que não tem cabimento é nos economizar. "Vou me economizar para quando? Para quem? Será que estarei vivo no momento seguinte"? Esta postura faz com que ganhemos menos, não sejamos promovidos e faz criar o ciclo vicioso do fracasso. "Eu faço cada vez menos, porque acho que esta empresa não me merece", me disse um funcionário. E eu tive que perguntar a ele: "Será que ela faz cada vez menos por você, pelo mesmo motivo?", eis o ciclo vicioso do fracasso. Seja o que for, temos que fazer com sentimento de fazer. E tenhamos a altivez de sair, se acharmos que aquela empresa não nos merece. Criemos uma empresa própria, exerçamos outra atividade.

Ouço os seguintes argumentos de alguns funcionários: "Eu não vou aderir a nada, com este programa só quem ganha é o dono", ou ainda: "Eu só vou fazer o meu arroz com feijão"; ou "Meu trabalho é do tamanho do meu salário. Se ganho pouco, o pouco que faço já é demais".

É a mais típica atitude de perdedores. Eu recomendo a empresários que se tiverem alguém assim nas suas empresas, que façam uma carta de recomendação a seus maiores concorrentes e mandem esse perdedor para eles. Essas pessoas não agregam valor algum, podem ser excelentes técnicos, bons amigos, mas não agregam valor. São eternos perdedores.

Ao visitar uma empresa, notei uma coisa que me chamou a atenção: os funcionários mais antigos pareciam ter enorme má vontade em ensinar os mais novos. Conversando com os dirigentes, eles me disseram ser esse um dos maiores problemas que enfrentam. Há, de fato, visível falta de cooperação, principalmente em relação aos colaboradores recém-chegados, disse-me um gerente.

Por que isso ocorre em muitas empresas? Há vários motivos: essa má vontade pode ser fruto de um ambiente de desconfiança, que faz com que as pessoas mais antigas não se sintam seguras e por isso vejam recém-chegados tais quais ameaça. Outro motivo pode ser a permanência e a repetição de erros do passado. Como me disse um funcionário: "Ninguém me ensinou nada quando entrei. Aqui cada um se vira sozinho e eu sofri muito para aprender tudo o que sei e não vou passar de graça a ninguém". Além desses motivos, é claro que existirão sempre pessoas problemáticas que vivem com sentimentos de perseguição e ameaça, por mais que se queira dar a elas uma condição de segurança. Muitas vezes, a explicação para o seu comportamento está na sua própria história de vida. Muitas dessas pessoas precisam de ajuda psicológica, de alguma forma.

Para enfrentar e corrigir esses problemas de falta de cooperação no ambiente de trabalho é preciso trabalhar a confiança. Isso é feito através de reuniões, diálogos, atividades de cooperação e da mudança de atitude das chefias, muitas vezes punitivas demais ou mesmo ausentes demais. Tirando os problemas psicológicos individuais, seres humanos sentem prazer em trabalhar em times, em ajudar uns aos outros, sempre que o ambiente seja favorável. Discutir claramente o tema poderá abrir as mentes das pessoas para o valor da cooperação e da confiança.

30

Sucesso é sorte? O que outras pessoas têm a ver com nosso sucesso?

Vários autores têm nos feito ver que muitos de nossos êxitos (e talvez alguns de nossos fracassos) estão diretamente ligados a pessoas e não a fatos. Nem sempre prestamos atenção a isso. Sempre atribuímos nossa sorte a episódios, eventos ou fatos que ocorreram ou mesmo não acreditamos em "sorte" (seja boa ou má), mas sim numa conjugação de fatos que nos levaram àquela ação.

A verdade é que quase nunca nos damos conta de que existem pessoas na nossa vida pessoal e profissional que fizeram (e fazem) toda a diferença para aquilo que chamamos de sorte. Muitas vezes são pessoas simples, muitas vezes anônimas, que nos acompanham há muitos anos e que estão sempre prontas a colaborar conosco, a nos ajudar a pensar melhor, a nos criticar positivamente, a nos fazer ver a realidade de forma mais concreta, a nos fazer lembrar que não somos infalíveis, enfim, a nos fazer voltar ao chão.

E ainda quase nunca nos damos conta de que

essas pessoas e não os episódios, fatos ou eventos, é que realmente fizeram a grande diferença. Muitos dos que atribuem o seu sucesso ou fracasso à sorte quase nunca se referem a pessoas, mas sim a fatos. Isso é ao mesmo tempo um erro e uma ingratidão, no caso da boa sorte.

Será que a nossa verdadeira sorte não estará nas pessoas que estiveram e que estão a nosso lado? Se tirarmos essas pessoas que nos ajudaram e nos ajudam, que nos carregaram e nos carregam, que nos apoiaram e nos apoiam, teríamos/teremos a tal sorte que atribuímos a coisas, fatos e eventos?

Se formos suficientemente humildes (isto é, com os pés no "húmus" = terra), com certeza iremos dizer que fulano(a), beltrano(a), cicrano(a), esses sim foram, e são, a nossa maior sorte e não alguma coisa que tenha acontecido. Mesmo alguns fatos só se tornaram fator de sorte porque pessoas nos ajudaram a ver e a implementar o que resultou num sucesso ou num fracasso.

31

Esforço ou talento: o que é mais importante na obtenção do sucesso?

Oitenta por cento de esforço e 20% de talento. Não adianta ter talento sem esforço. Muitas pessoas podem até ter talento, mas o que as diferencia é a vontade de fazer. E esforço não é só suor, uma coisa mecânica, física, é principalmente ter fé, colocar energia, entusiasmo naquilo que acredita. Tudo isso faz parte desses 80% de esforço.

> *O talento é necessário, sem dúvida, mas sem o esforço, nada acontece. É mais provável vencer com menos talento e mais esforço, do que vice-versa.*

32

Como enfrentar fatos e eventos inesperados que ocorrem em nossa vida pessoal e profissional sem nos desesperar?

Todos nos lembramos da morte de Eduardo Campos, candidato à presidência da república em 2014, quando o avião que o transportava caiu na Cidade de Santos, SP, poucas semanas antes da eleição. Planos elaborados, projetos definidos, entrevistas marcadas, agenda lotada... Tudo cessou nos segundos do acidente fatal. A grande verdade da vida é que tragédias acontecem e quando ocorrem sentimos com toda a força o peso de nossa pequenez.

É por esse sentimento de impotência que um dos temas mais recorrentes da mitologia, do teatro, da literatura, tanto na antiguidade quanto hoje, é a tragédia. Aliás, o termo "tragédia" vem do grego *tragodia* que significa "uma peça de teatro cujo desfecho é sempre um acontecimento funesto". Assim, um dos maiores desafios do ser humano é enfrentar o inesperado, o imprevisto, a catástrofe, a tragédia. Guerras, terremotos, erupções vulcânicas, tornados e furacões, enchentes, secas, acidentes, epidemias.... São milhões de pessoas que se veem de uma hora para outra desprovidas de chão, de segurança, de abrigo, de alimentação, de saúde.

Em 2014, completou-se 100 anos do início da Primeira Grande Guerra (1914-1918) quando 19 milhões de pessoas (nove milhões de militares e dez milhões de civis) perderam a vida. E essa guerra era tida como totalmente improvável à época. Some-se a isso a gripe espanhola que matou 40 milhões de pessoas entre 1918-1919.

E o que fazer frente ao inesperado?

Filósofos, psicólogos, psicanalistas, psiquiatras e mesmo teólogos estudam e escrevem a respeito desse desafio e, embora tenham visões diferentes sobre o tema, todos parecem concordar numa coisa: é preciso seguir em frente e buscar dentro e fora de nós a força necessária não para esquecer, mas para enfrentar a realidade pós-tragédia, seja ela qual for. Temos que não nos deixar imobilizar pelo inesperado. Temos que continuar o caminho, a luta. E temos que compreender que tragédias ocorrem e que ninguém delas estará livre, e que a vida continua.

Assim, o conselho é que, ao mesmo tempo em que temos que enfrentar o inesperado quando ele ocorre e seguir em frente, temos que fazer tudo o que esteja ao nosso alcance para não facilitar a ocorrência de tragédias, muitas delas evitáveis, caso sejamos mais previdentes. Temos que fazer a nossa parte com toda a consciência para promover a segurança, a saúde e a paz em todos os ambientes. Temos que ser previdentes e usar toda a nossa inteligência e vontade para evitar tragédias evitáveis.

33

Mas é possível esquecer alguma tragédia, fatos ou pessoas que tenham nos prejudicado?

Esquecer não é fácil! Como seria bom se fôssemos capazes de esquecer com facilidade as ofensas que recebemos, os problemas que tivemos, as pessoas que amávamos e que se foram. Como seria bom se ao acordar conseguíssemos deixar para trás as mágoas, as indiferenças, as injustiças sofridas, e todos os dias começássemos uma vida nova. Como seria bom se ao perdoarmos alguém fôssemos capazes de esquecer o que esse alguém nos fez.

Se a memória do passado não nos deixa pela sua própria natureza, cabe a nós, num enorme esforço de vontade, num autodesafio enorme, desenvolver a difícil arte de esquecer. E temos que fazer esse esforço pela razão, para que possamos sobreviver com equilíbrio. Do contrário viveremos remoendo um passado que já se foi e, como sabemos, jamais voltará. Se perdoar não basta para esquecer, é preciso tentar esquecer para perdoar. E não é fácil. E quem disser que é fácil estará nos enganando.

Quantos casamentos, relações afetivas, empregos, carreiras e mesmo vidas foram jogadas fora pela nossa incapacidade de esquecer ofensas, muito graves ou menos graves, e que não conseguimos despejar de nossa memória. Você mesmo será capaz de apontar, em conhecidos, amigos e em você mesmo, várias situações em que ninguém ganhou, todos perderam, pela incapacidade de esquecer.

Assim o conselho é: procure fazer esse imenso esforço para esquecer as ofensas, as mágoas, as injustiças, as calúnias, os maus-tratos, as caras feias, as indiretas, e um triplicado esforço para perdoar quem fez tudo isso que não sai da sua memória. Não será fácil. Você terá que reconhecer essas memórias todas e uma por uma jogá-las num arquivo morto e se esquecer até onde as arquivou.

PENSE NISSO:

Não faça da sua vida um eterno remoer, um eterno desejo de vingança, um eterno sofrer por um passado que já se foi.

34

Competência técnica ou emocional: qual das duas habilidades é a mais importante para ser bem-sucedido?

A habilidade emocional é mais importante do que a técnica. Acredito que essa importância esteja numa proporção entre 60% e 40%, ou 70% e 30%. Não adianta uma pessoa brilhante, do ponto de vista técnico, altamente competente, se for incapaz de conviver, de se relacionar, transformar o conhecimento em produtos positivos para sua empresa ou para sua própria vida. Há pessoas que são verdadeiros gênios fracassados, e esse fracasso é atribuído à incapacidade dessas pessoas de se relacionarem com os outros. Por exemplo, nas universidades, vemos que os primeiros alunos nem sempre se transformam em sucessos. O mais brilhante funcionário, do ponto de vista técnico, pela análise cognitiva, nem sempre é aquele que vai ser promovido.

O sucesso da Inteligência Emocional é a sua obviedade. Nós sempre desconfiamos que o professor de mais conhecimento nem sempre foi o melhor professor, nem sempre é o escolhido para paraninfo, nem sempre escreve os melhores livros, independentemente de ser portador do maior cabedal de conhecimentos teóricos.

35

Fala-se muito em cultura na empresa. Afinal, o que é cultura empresarial e qual a sua importância?

A cultura empresarial é o conjunto de tradições, necessidades e aspirações de uma empresa, que a fez crescer. Os valores dessa empresa no passado, suas necessidades, o que ela pretende no presente, o que a empurra em relação ao futuro, o que faz dela esse sucesso, seus pontos fortes e fracos e suas aspirações. Enfim, cultura é um conjunto de tradições, necessidades e aspirações. Cada empresa, assim também cada indivíduo, de cada sociedade, tem tradições, necessidades e aspirações diferentes, isso molda uma determinada empresa. A cultura empresarial determina o estilo de ser e fazer, caracteriza a empresa, torna-a diferente das demais. Há empresas cuja tradição cultural é não contratar parentes, ao passo que outras investem exatamente no oposto, e ambas podem alcançar sucesso.

É comum encontrarmos pessoas que eram sucesso numa empresa e, ao mudarem para outra, não conseguem se adaptar, acham-na estranha, absurda. Existem também empresas que têm uma cultura de preservação de emprego, de pessoas, de valorização de família, de trazer as esposas para participarem das convenções; por outro lado, há empresas onde não se cogita a participação das esposas, ou esposos, da família. Qual é a que dá certo? As que dão certo são aquelas fiéis à sua cultura. Por isso, é que nos surpreendemos em ver duas empresas, culturalmente tão diferentes, dando igualmente certo.

Cultura é uma coisa que existe e é definida no dia a dia. Ela não é predefinida, ela se define. As tradições, necessidades e aspirações é que vão definir essa cultura e torná-la explícita. Uma vez explícita, as pessoas se sentem mais confortáveis, pois entendem bem mais a empresa. Sem esse entendimento a empresa se perde e não consegue utilizar e reforçar seus aspectos positivos. Um exemplo: uma empresa que não faça uma análise cultural de seus valores pode deixar de enfatizar aqueles que são fundamentais ao seu sucesso. Isso pode ser fatal. Novo presidente ou novo diretor tentará mudar a cultura de uma empresa, mesmo sem a intenção; é que, por não conhecê-la em profundidade, simplesmente não vai valorizar, ou vai ignorar certos aspectos considerados importantes para sua organização.

Cultura é fundamental. Já "missão", acredito, acho que tem funcionado mais como elemento de decoração, pois a missão de quase todas as empresas é a mesma: dar retorno ao acionista, fazer produtos e serviços de qualidade, dominar o mercado, enfim. Mesmo o cachorro-quente da esquina precisa ter resultados. Eu vejo escrito na missão de algumas empresas: "Ter a preferência dos clientes em produtos e serviços..." Qual a empresa que não quer ter isso? Missão não falta às empresas, o que falta é foco. Um puxa para cá, outro para lá. "Qual é o foco de nossa empresa? Onde vamos concentrar nossa energia, hoje, ou daqui a dois, três anos? Onde e que produtos vamos fabricar? Qual tipo de serviços vamos prestar aos clientes? Se nós não respondermos a estas perguntas, que vão nos levar ao foco, não adianta termos missão. Portanto, noto que todas as missões das empresas, com raras exceções, são iguais. Essa coisa de missão é algo decorativo e desnecessário. O que é necessário é o foco, e mudá-lo, de acordo com as tendências.

36

Como antropólogo, você tem estudado a antropologia empresarial. O que vem a ser isso? E, em que a Antropologia pode ajudar as empresas a serem mais competitivas?

A antropologia empresarial ou corporativa nada mais é do que o uso do método da Antropologia no estudo das empresas. Qual é a característica fundamental da Antropologia? Trocando em miúdos, é o que chamamos de observação participante, ou seja, convivemos com aquela empresa e analisamos as forças que ela tem e como estas forças podem empurrar a empresa para o sucesso, para o futuro, para onde quer chegar.

O que é diferente na consultoria, com base na antropologia empresarial, é o respeito profundo dos valores e das aspirações dos clientes, dos mercados, dos funcionários, dos fornecedores, dos concorrentes e da comunidade; analisando todos estes aspectos, verificamos os identificadores positivos que podem levar a empresa para o futuro. Isso é muito diferente de impor a implantação de um pacote externo. Grandes consultorias têm quebrado grandes empresas, exatamente por não respeitarem a cultura dessas empresas.

> O que é diferente na consultoria, com base na antropologia empresarial, é o respeito profundo dos valores e das aspirações dos clientes, dos mercados, dos funcionários, dos fornecedores, dos concorrentes e da comunidade.

37

Qual a real importância do marketing pessoal para o sucesso profissional? Como se sobressair na multidão?

Uma das maiores razões de sucesso de uma pessoa é saber se comunicar bem com superiores e subordinados. O que, às vezes, me preocupa é que o marketing pessoal está sendo confundido com "vender inverdades". "Eu não trabalho, faço um bom marketing e venço". Isso é falso. Pode-se enganar muita gente por pouco tempo, mas o tempo todo, é impossível. Descobrimos numa empresa pessoas que fazem um bom marketing de si mesmas, porém irreal e que, de repente, são surpreendidas no momento da verdade e tudo se desmorona. Elas levaram vantagens por um tempo, mas não durou muito.

Um profissional deve se preocupar em fazer um marketing pessoal, mas verdadeiro. Ele deve se comunicar bem com todos. Se tem uma boa ideia não deve escondê-la. Se temos um bom resultado, haveremos de mostrá-lo, esconder não é humildade. Marketing mentiroso só cria problemas para você.

Nota-se que essa questão da degeneração do conceito de marketing é uma coisa muito séria. É comum você ouvir alguém falando: "Não compre isso, não vá nessa conversa, é puro marketing". A publicidade abusou muito. Hoje, o grande desafio dos profissionais é alinhar-se com valores, uma vez que, em um mercado altamente competitivo, onde a preocupação é fidelizar o cliente, não é mais possível conviver com dois tipos de marketing: o verdadeiro e o falso, mas, sim, somente com o verdadeiro.

Temos de lembrar que dependemos do nosso mercado que são as pessoas que compram, que dependem de você e que você depende delas. Por que isso ainda acontece? Porque o marketing foi confundido com a propaganda e, como esta normalmente é enganosa, o marketing também seria.

38

Vale a pena ser honesto(a)?

Quando assistimos a muitos relatos de desonestidade, corrupção, descumprimento da lei e pessoas desonestas e corruptas, em funções de destaque na sociedade, podemos correr o risco de colocar em dúvida a honestidade como valor. Será que vale a pena ser honesto? Essa dúvida nos assalta a mente principalmente depois de um dia estafante de trabalho. Levantamos cedo, trabalhamos o dia todo, a semana toda, o mês todo. Não temos um salário milionário, nem outra forma de ganho que não seja o fruto de nosso duro trabalho. Ao mesmo tempo vemos que a desonestidade, a corrupção, o descumprimento das leis parecem ser coisas "normais" para outras pessoas e até para autoridades. Vale a pena ser honesto? Nessas horas é preciso pensar ainda mais, raciocinar ainda mais, analisar ainda mais sobre o que é a felicidade e quais são os valores que realmente valem a pena para um ser humano.

Na sociedade moderna, o dinheiro, os bens materiais, o status, acabaram sendo os principais valores. Para conquistá-los o homem moderno não mede consequências. O que vale é ter um carrão, uma bolsa de grife, uma mansão. Os valores morais, éticos, parecem ter sido esquecidos definitivamente. A pergunta que temos que fazer é se tudo isso tem feito o ser humano mais feliz. Se a violência entre os homens diminuiu. E a resposta parece ser evidente: o homem não é mais feliz quando faz da vida material o seu objetivo maior.

Assim, é hora de repensar nossos valores e buscar ressaltar novamente a honestidade, a ética, o respeito ao outro, a polidez, a humildade, a lealdade, a paciência etc. Milhares de anos de filosofia e mesmo as religiões todas provam que esses são os valores que realmente tornam o homem verdadeiramente feliz. Portanto, acredite: vale a pena ser honesto.

PENSE NISSO:

- Como as pessoas desonestas que têm sido incriminadas e expostas pela mídia, estarão encarando seus filhos, netos, amigos de infância, vizinhos etc.?
- Terão realmente razão as pessoas que dizem que dinheiro é tudo na vida?
- Será que alguém precisa de tantos bens materiais para ser feliz a ponto de valer a pena ser desonesto?
- Afinal, o que é "ser feliz" para você?

39

Por que ninguém mais cumpre a palavra?
Quem cumpre, não será hoje um tolo?

Tenho recebido dezenas de mensagens de pessoas que reclamam do desaparecimento da virtude de cumprir a palavra. O que mais me chama a atenção nessas mensagens é que a maioria delas é de pessoas jovens, abaixo dos 35 anos. Digo isso porque há uma ideia de que cumprir a palavra é coisa do passado ou de pessoas velhas. É realmente incrível como as pessoas não cumprem a palavra. Dizer ou não dizer; prometer ou não prometer parece ser a mesma coisa. E a consequência do desaparecimento dessa pequena virtude é que todos perdem. Perde o que deu a palavra e não cumpriu, pois sua credibilidade foi para o ralo. E ninguém mais em sã consciência acreditará em qualquer coisa que for dita ou prometida. Perde, obviamente, a vítima do não cumprimento que foi enganada, acreditando na palavra de alguém.

Conversei com vários profissionais do comportamento humano sobre as possíveis causas dessa praga que está assolando o mundo atual, e poucos conseguiram me responder. Não se cumpre mais horário, nem prazo, nem mesmo pequenas coisas de pouco valor. Dar retorno é quase um milagre. As pessoas prometem retornar uma ligação ou uma informação e simplesmente desaparecem.

Isso sem falar nos negócios. As mensagens que recebo contam histórias incríveis de vendedores que prometeram e não cumpriram, enganaram, e até de clientes que prometeram um determinado pagamento e depois disseram não ter prometido. Pequenos golpes parecem ser absolutamente a regra. "Deposito amanhã o seu dinheiro", e não deposita; mudar cláusulas de uma negociação; fazer medições fraudulentas etc. Um respeitado advogado me disse que nem mesmo contratos assinados são hoje cumpridos totalmente, o que sobrecarrega a Justiça. "Parece que ninguém mais cumpre a palavra", disse-me um juiz de direito com inúmeras causas desse teor.

Será que realmente cumprir a palavra caiu de moda? Como viver num mundo onde a desconfiança é a regra? Como conviver numa realidade onde o que as pessoas falam e prometem nem sempre será a verdade? Será que não estamos dando, todos nós, um tiro nos próprios pés e todos perdendo?

40

Normalmente, no dia a dia de uma pessoa, as demandas são sempre maiores que a capacidade de realização, portanto, em muitas vezes, é necessário dizer-se, "não". Saber dizer "não" é uma arte que requer habilidade e firmeza? É possível chegar-se a algum lugar, sem aprender a dizer "não"?

Acho impossível. Nas empresas, por exemplo, há um mito que diz que todo cliente vale a pena. Há clientes que não valem a pena. Se não paga, não segue as orientações do consultor, aquele cliente que só lhe cria problemas, não é ético, vale a pena? Temos de saber dizer "não" a ele. Devemos ter a grande capacidade de dizer "não" às circunstâncias, "não" às oportunidades "oportunísticas". Se lhe aparecerem por mês um ou dois negócios mirabolantes, duvidosos (para não ser exagerado), nos quais lhe propõem ganhar muito dinheiro, você deverá ter a capacidade de dizer "não".

Surgem oportunidades de pessoas que querem forçá-lo a participar de alguns eventos que não são muito éticos, mas você deve ter a capacidade de dizer "não". Por mais que aquilo represente muito em dinheiro, em ganho imediato. É importante dizer "não" a um caminho que foge do foco da empresa. Muitas pessoas me perguntam se eu faço um programa de reengenharia e eu lhes respondo que não, mas posso contratar quem o faça. Devemos aprender a dizer "não" ao que não faz parte de nós.

Noto que as pessoas que não sabem dizer "não" são as que mais fracassam, pois elas querem abraçar o mundo com as mãos, não querem perder nenhuma oportunidade. Temos que ter coragem de dizer "não" para pessoas que gostamos e que não estão fazendo as coisas que deveriam fazer. Dizer "não" para clientes preferenciais que mudaram a política da empresa e começam a comprometer sua posição.

Dizer "não" é uma arte. Temos de dizer "não" sem nos sentirmos culpados. São aqueles sentimentos aos quais me referi anteriormente: culpa, ignorância e ansiedade e que nos impedem, às vezes, de dizer "não". Alguns exemplos seriam: se você me faz uma proposta e eu me sinto culpado em dizer "não", pois você é meu amigo; ou não digo "não" por me sentir ignorante; ou por não estar aceitando ganhar dinheiro; ou ainda por ansiedade, de um dia poder precisar de você – medo do futuro.

41

No campo pessoal, da família, acredito que o saber dizer "não" também seja muito importante. Acredito que um dos maiores malefícios que um pai ou uma mãe faz a uma criança é não impor limites. Os pais têm de ter a coragem e a sabedoria de dizer "não", sabendo que essa atitude pode ser, em médio e longo prazo, o melhor para aquela pessoa?

Eu sempre falei a meus filhos, desde pequenos, que eles iriam fazer algumas coisas que são inegociáveis: vão aprender datilografia, pois, daqui para frente, analfabeto é quem não souber datilografar (isso há 20 anos). Hoje, é o computador. Vão aprender inglês a partir dos cinco anos, aprender um instrumento musical. Escolham qualquer um, e não tem negociação. Vocês vão fazer teatro, pois eu sei que quando tiverem 30 anos irão me agradecer. E o que acontece é que, hoje, eles agradecem.

Tive um problema com meu pai: estudei seis anos de violino e, um dia, no momento em que estava mais difícil o violino, cheguei para ele e disse que não aguentava mais aquilo. Então, ele me disse que eu poderia sair. Hoje, eu o culpo por ter aceitado uma sugestão de um menino de 15 anos. Naquele momento, deveria ter sido mais enérgico, que eu não sairia, precisava passar por aquela dificuldade. Mas, ele fraquejou e eu abandonei um instrumento musical e, hoje, lamento por não poder acompanhar minha esposa, que toca piano.

Há momentos em que é exigido de você aquele esforço a mais e você desiste. Aí, é preciso uma autoridade que lhe diga "não" e o ajude no que for preciso.

Voltando a meu pai, ele me fez cursar contabilidade, no secundário. Quando lhe perguntei por que ele me obrigava a estudar contabilidade, respondeu-me que se eu não desse para nada na vida, iria ser contador, com um diploma. Odiava contabilidade, estatística, mas para mim foi fundamental na consultoria a empresas.

Numa certa idade, não temos o discernimento necessário. O mesmo pode acontecer com um patrão que obriga um funcionário a fazer tal curso, pois isso interessa à empresa.

42

Como conviver com "puxadores de tapete", pessoas que querem nos derrubar?

De fato, um dos maiores desafios de quem trabalha é como se livrar dos "puxadores de tapete" de plantão que, em vez de trabalhar, cumprir suas tarefas e seu dever, passam o tempo todo buscando, de forma pouco ética, impedir que seus colegas trabalhem com tranquilidade, com foco, e até mesmo com prazer. Esses puxadores de tapete são um verdadeiro câncer que vem se espalhando em todos os ambientes.

Meu conselho é que você, leitor, muitas vezes vítima desses puxadores de tapete, nunca se deixe abater por essas pessoas que querem que você desista, que você jogue a toalha, que você deixe seu lugar para que eles o ocupem com sua incompetência e covardia. Nem sempre podemos nos livrar dessa gente, mas podemos ignorá-los e não deixar que ocupem a nossa mente e prejudiquem nossa produtividade e tirem nossa paz de espírito.

Às empresas gostaria de pedir que identifiquem com rapidez essas pessoas que minam o ambiente de trabalho e tomem imediata providência para barrar, com firmeza, a ação maléfica desses puxadores de tapete para impedir que ela se alastre e contamine toda a empresa.

> *É preciso incentivar a crítica aberta e honesta, o diálogo e mesmo a discussão, mas é urgente condenar com veemência a fofoca, a falta de educação, de civilidade e de ética desses puxadores de tapete.*

43

Há pessoas que não são más, mas nos cansam. Como conviver com elas?

Diga a verdade: há pessoas que nos cansam e muito!

São pessoas que exigem atenção o tempo todo, que querem ser elogiadas o tempo todo, que desejam ser bajuladas o tempo todo. Quanta canseira essas pessoas nos dão!

São chefes, colegas, amigos e amigas que necessitam de atenção, que demandam holofotes sobre si mesmos, que fazem alarde sobre tudo o que fazem; que se dizem as pessoas mais ocupadas, mais sofredoras, mais injustiçadas, mais inteligentes, mais tudo! Quanta canseira essas pessoas nos dão!

A necessidade de elogios, de reverências, de atenção, são a sua marca. Ou elas estão em evidência ou não participam, não vão, não recomendam, ignoram.

Quantas vezes somos obrigados a conviver com pessoas assim nas atividades comunitárias, clubes de serviço, associações, sindicatos, clubes, no trabalho etc.

Elas estão em todos os lugares e o seu desejo

de aparecer, de ser admiradas e bajuladas não tem limites. Elas não percebem a canseira que dão às outras pessoas que têm que pensar nos detalhes de citar primeiro o nome delas, de colocá-las na primeira fila, de elogiar tudo o que fazem, o que dizem e até o que pensam. Do contrário, não contem mais com o dinheiro delas, com a colaboração delas, com o seu "inestimável apoio". Conheço mães, avós, amigas, que se sentem ofendidas se não elogiarmos suas receitas como "a melhor que já comemos!"

Com pessoas assim é melhor e mais fácil elogiar, falar bem, pois é isso o que querem, e quem é esperto sabe que não custa nada atender a essa fraqueza de ego que essas pessoas têm, aumentando ainda mais os elogios e as reverências e dando a elas o holofote que tanto precisam.

Pense se você não é esse tipo de pessoa, com exageradas demandas de atenção e elogios, e que se irrita todas as vezes que não é citada, elogiada, colocada em evidência.

44

É possível vencer sem errar, sem falhar?

Excelente pergunta. Veja o que disse Francis Collins, um dos mais importantes cientistas contemporâneos. De 1990 a 2003, Collins foi um dos líderes do Projeto Genoma Humano. Em 2009, foi nomeado pelo presidente americano Barack Obama como diretor dos NIH, o principal centro de pesquisa biomédica dos Estados Unidos, formado por 27 centros e institutos de pesquisa especializados. Com um orçamento anual de US$ 30 bilhões, tem como uma de suas atividades gerenciar a Iniciativa de Pesquisa do Cérebro por meio de Neurotecnologias Inovadoras (*BRAIN Innitiative*), anunciado em abril de 2013 pelo presidente americano. Numa entrevista à Fundação de Amparo à Pesquisa do Estado de São Paulo (FAPESP), Collins afirmou: *Não tenha medo de falhar. Se você não está fracassando é porque está precisando assumir mais riscos.*

Acredito que esta afirmação não precise de comentário; ela se explica por si mesma. O medo de de falhar, o medo de assumir riscos, de tentar, de propor, nos imobiliza, trava, nos faz perdedores por antecipação. E isso não vale apenas para os cientistas e para a ciência, mas para qualquer setor de atividade e para toda a vida pessoal e profissional.

Em meu livro **SÓ NÃO ERRA QUEM NÃO FAZ** discuto exatamente isso. O medo de errar não nos deixa acertar, e é preciso lembrar que errar faz parte do processo de aprendizagem, pois o erro nos mostra um caminho a não ser continuado e poderá nos indicar o rumo certo a seguir.

Siga, pois, o conselho de Francis Collins, um dos maiores cientistas da atualidade que nos pede a não ter medo de falhar e ainda a pensar que se não estamos fracassando é porque talvez estejamos dominados pelo medo de correr riscos.

45

**O que fazer com os "especialistas"
em enganar no trabalho?**

THE ECONOMIST, a revista mais importante de economia e negócios do mundo (inglesa), publicada desde 1843, em sua edição de 25 de outubro de 2014, traz um interessante artigo sobre a arte de enganar no trabalho, com o irônico título *Um Guia para Enganar (no trabalho): como prosperar no trabalho com o mínimo de esforço.* O artigo descreve, desde o antigo artifício de deixar o paletó no encosto da cadeira para que o chefe pense que o funcionário já chegou ou ainda não saiu, até truques mais modernos como ficar com olhar sério e fixo no computador fingindo estar vendo algo importante referente ao trabalho e, na verdade, estar no Facebook papeando com amigos ou marcando uma festa.

Todos nós conhecemos esses mestres em enganar no trabalho. Muitos deles fazem questão de dizer que são os primeiros a chegar e os últimos a sair. Mostram-se preocupados com tudo o que acontece. Fazem-se de ocupados o tempo todo e fazem aquilo que os ingleses chamam de "teatro do entusiasmo". São os primeiros a aplaudir novas ideias e projetos, mas na hora de fazer estão sempre ocupados, marcam viagens e acompanham tudo, mas sempre longe da execução de fato. E no final de tudo, aparecem para receber os elogios e até mesmo, espertamente, elogiar os colegas que fizeram acontecer.

A revista conta ainda que esse problema é acentuado em grandes empresas. "Quanto maior a empresa, mais fácil é enganar", diz a THE ECONOMIST, "sem falar no serviço público, sem dúvida o local mais propício para os mestres na enganação em qualquer lugar do mundo", afirma.

A maneira mais eficaz de pegar essas pessoas enganadoras é estar presente no local de trabalho, acompanhar de perto o que fazem, enfim participar ativamente da execução e não ficar fechado em gabinetes, como faz a maioria dos gestores.

46

Com quem você realmente pode contar?

Em todos os ambientes e grupos humanos há pessoas comprometidas, com quem você pode sempre contar, e há pessoas que vivem em função de seus próprios interesses. Essas pessoas pensam primeiro em si mesmas, e com elas não se pode contar totalmente.

Geralmente, essas pessoas passam boa parte do tempo vendo benefícios alheios e comparando vantagens e com isso deixam de fazer a sua função com profissionalismo. Muitas vezes, elas também se acham superiores às demais e se sentem injustiçadas em seus ambientes. Isso ocorre em empresas, associações, clubes de serviço e comunidades em geral.

Faça uma análise e veja como são poucas as pessoas com quem realmente você pode contar. São poucas as disponíveis para trabalhos que vão além de sua súmula de atribuições e de seu horário regular de atividades. E quando as que geralmente não estão disponíveis fazem algo extra, têm sempre a conta na ponta do lápis para ser apresentada em qualquer ocasião.

Infelizmente, essas pessoas não entendem que os três maiores critérios de avaliação são:
1) O comprometimento.
2) Atenção aos detalhes.
3) Fazer follow up imediato de tudo o que fizerem.

Sem isso, elas são mal avaliadas e o comprometimento das outras pessoas em relação a elas igualmente vai deixando de existir.

Pense com quem realmente você pode contar e prestigie aquelas que fazem tudo com comprometimento, atenção aos detalhes e fazem follow up de tudo, sem exigir uma fatigante supervisão.

> Pense com quem realmente você pode contar e prestigie aquelas que fazem tudo com comprometimento, atenção aos detalhes e fazem follow up de tudo, sem exigir uma fatigante supervisão.

47

Há pessoas com as quais temos prazer em trabalhar e outras não. O que faz a diferença?

Almoçando no refeitório de uma indústria, ouvi um grupo comentando sobre um colega de trabalho, na verdade um supervisor de turno. Fiquei impressionado ao ver que todos tinham por ele consideração muito grande. Curioso para saber os motivos de tantas opiniões positivas, perguntei o que tanto aquela pessoa (que estava ausente da mesa) fazia para que fosse tão querida.

Todos, sem muito pensar, disseram: "Dá gosto trabalhar com ele!" E eu insisti em querer saber os motivos concretos que faziam dele esse colega tão especial. Eles começaram a enumerar as coisas simples e altamente eficazes que ele fazia e que eu fiz questão de anotar:

- Ele está sempre pronto a colaborar, participar, dar ideias.
- Tudo o que ele faz é detalhadamente bem feito.

- Ele é educado. Agradece o tempo todo quem faz alguma coisa.
- Ele está sempre elogiando alguém, dizendo alguma coisa boa para as pessoas.
- Nunca vi ele reclamar da vida – disse um deles com a confirmação dos demais.
- Ele segue as normas e procedimentos sem criar caso e sem complicar.

E outra vez:

- Dá gosto trabalhar com ele!

Após o almoço, conversei com várias pessoas sobre esse mesmo supervisor e as opiniões eram sempre as mesmas: "Dá gosto trabalhar com ele!"

Muita gente me dirá que essa pessoa não existe. Uma pessoa assim só mesmo em filme de ficção. Mas, o melhor de tudo é que ela existe, tem nome, sobrenome e endereço, e ao conversar com ela pude constatar ser uma pessoa realmente simples, equilibrada, agradecida, comprometida e se dizendo sempre muito feliz por acreditar que tinha como missão servir, atender, ajudar, fazer as pessoas serem melhores e mais felizes.

Quantas pessoas assim você conhece? E será que de nós alguém diria: "Dá gosto trabalhar com ele(a)"?

48

O que dizer às pessoas que afirmam não conseguir mudar o seu comportamento?

Quantas pessoas você conhece que dizem "Não consigo mudar meu comportamento"? Ou ainda: "Não adianta, eu sou assim mesmo e nunca vou mudar"? Ou então: "Meu jeito é de família e não muda"? Quantas pessoas você conhece que dizem "Sou esquecido(a) mesmo" ou ainda: "Eu vivo com a cabeça na lua desde criança"! Ou mesmo: "Sou a pessoa mais distraída do mundo!"?

Ora, essas pessoas que me perdoem, mas esse costume de dizer "eu não consigo" não passa de uma desculpa esfarrapada para não fazer o necessário esforço para mudar.

Na verdade, é mais cômodo e confortável não mudar, deixar as coisas como estão e exigir que as outras pessoas suportem os nossos defeitos. É sempre mais fácil dizer não consigo mudar. Conheço pessoas que parecem ter até algum orgulho de seus defeitos e dizem sorrindo: "Eu não tenho jeito mesmo! Sempre fui assim...".

Essa autocomplacência com nossos defeitos precisa ser combatida com firmeza por cada um de nós. Temos que empreender todo o esforço necessário para vencer nossos defeitos grandes e pequenos, pois ninguém é obrigado a suportar indefinidamente nossas desculpas de "sou assim mesmo".

Em empresas, conheço pessoas que são mal-educadas e grossas no relacionamento interpessoal e não querem mudar. Conheço pessoas que não prestam atenção ao que estão fazendo e não querem mudar. Conheço pessoas que se dizem esquecidas, mas, na verdade, são mesmo folgadas, e igualmente não querem mudar. Essas pessoas são, na verdade acomodadas em seus defeitos e abusam da paciência alheia com suas reiteradas desculpas e falta de comprometimento e profissionalismo.

A verdade é que, se uma pessoa se dispuser seriamente a mudar seu comportamento, com certeza conseguirá, mesmo que seja através da busca de ajuda médica especializada ou psicológica para vencer seus defeitos. Mas é preciso, em primeiro lugar, querer. E o que vejo é que essas pessoas simplesmente não querem e se sentem confortáveis na sua acomodada desculpa de que não conseguem mudar. É preciso enfrentar nossos defeitos e parar com as desculpas, pois ninguém mais acredita nelas.

49

Como trabalhar com as gerações mais novas? É verdade que as empresas estão tendo dificuldades em trabalhar com os mais jovens, da chamada "Geração Conectada"?

Tenho visto que, principalmente, as gerações mais novas, têm tido enorme dificuldade de conviver com pessoas reais. Ao mesmo tempo que têm dezenas de amigos virtuais em suas redes sociais, o número de amigos ou amigas reais parece estar diminuindo.

Ao discutir esse fenômeno com adolescentes e jovens adultos (35-45 anos) eles próprios culparam seus pais que, segundo eles, foram muito permissivos e procuraram dar tudo a eles evitando quaisquer contrariedades para que não sofressem. "Nossos pais não nos educaram a enfrentar contrariedades e problemas. Eles resolviam tudo para nós" disse um grupo. Outro grupo mais jovem afirmou que todas as vezes que alguém tinha opinião contrária à deles, seus pais diziam que sempre eles (os filhos) tinham razão. Com isso, disseram: "Não fomos educados a aceitar opiniões diversas e contrárias à nossa." Não importa aqui de quem seja a culpa, o fato é que esses jovens todos reconheceram possuir grande dificuldade em conviver com pessoas e ainda mais com aquelas que pensam diferente e se disseram desaparelhadas para enfrentar adversidades e críticas.

Quanto mais cooperarmos, trabalharmos em times, fizermos as coisas em conjunto, mais teremos sucesso. E na era da informação ela deve ser compartilhada e não guardada. Quanto mais compartilharmos informação, mais ricos seremos. No passado, quem dividisse ficaria mais pobre. Agora, quem mais divide, mais rico fica. E isso vale para pessoas e organizações.

> *Estamos na era do conhecimento e da informação. Diferentemente de outras épocas, a cooperação é essencial para a inovação e a criatividade.*

Assim, é preciso reeducar as pessoas a conviver e a cooperar. É preciso perder o medo de dividir informação, de trocar ideias. O tempo agora é de aumentar os relacionamentos reais, pessoais e não só virtuais, para reaprendermos a cooperar.

É preciso conviver com os opostos, com pessoas que pensem diferente, com pessoas que nos desafiem, que não concordem com nossas ideias, que discutam, que argumentem com civilidade e educação, mas que não nos poupem simplesmente para nos agradar.

Para terem sucesso, pessoas e organizações devem, com urgência, fazer um grande esforço para reaprender a conviver e a cooperar.

50

O que fazer com colaboradores "desesperados pela sexta-feira"?

Recebi a seguinte mensagem:

Gostaria de sugerir um tema para reflexão. Constantemente vemos as pessoas ansiosas pela sexta-feira, pelo dia do pagamento ou vale, pelo feriado.

A impressão que tenho é que elas vivem em função da sexta-feira e acabam se esquecendo de viver na segunda, na terça e nos outros dias. Hoje não percebemos a falta destes dias despercebidos, mas é comum as pessoas dizerem quando chega o fim do ano, que nem viram o ano passar.

Acredito que seja por essa sede de sexta-feira.

Pois bem, vejo que o autor tem razão. Vejo isso acontecer em quase todas as empresas. Mas, também fiquei pensando no porquê disso acontecer. Por que as pessoas não veem a hora de chegar a sexta-feira e irem embora da empresa em que trabalham. O que será que acontece? Quem estará certo? Quem estará errado? O próprio assinante, autor da mensagem, não deu o seu juízo de valor. Ele nos pediu uma reflexão!

Se é verdade que as pessoas se infelicitam durante a semana toda por pensarem apenas na sexta-feira e, como disse o assinante, "acabam se esquecendo de viver na segunda, na terça e nos outros dias", também me parece verdade que elas assim fazem por não terem um sentimento de missão e propósito no trabalho que realizam. E aí vejo um enorme desafio para a empresas, para a liderança.

Sem um sentimento de missão e propósito; sem se sentir constantemente treinadas e crescendo profissionalmente; sem chefes leais, que as desafiem e as chamem a atenção quando erram, as pessoas se sentem "des-motivadas", isto é, sem motivos para dar tudo de sua inteligência e vontade e, portanto, não veem a hora de chegar a sexta-feira, as férias e mesmo a aposentadoria.

Lembro que é também responsabilidade das pessoas buscarem a automotivação e não somente esperarem que seus líderes as motivem, pois motivação é uma porta que só se abre por dentro.

Assim, para atender ao que nos pediu o assinante, temos que refletir sobre nossa desmotivação e buscar, tanto a empresa quanto as pessoas, os caminhos para viver com intensidade e vontade, todos os dias de nossa semana.

51

Como trabalhar com pessoas irritadas com pequenas coisas?

Você já reparou quantas pessoas se irritam com pequenas coisas? Conheço pessoas que não toleram nada! Conheço pessoas que ficam irritadas se o café não estiver exatamente do jeito que gostam; se o quadro estiver um pouco torto na parede; se sua esposa (ou marido) usar uma roupa da cor que não gosta; se a sopa estiver um pouco mais fria do que gostariam; se o telefone toca quando não queriam que tocasse etc.

Conheço chefes que são verdadeiros poços de irritação perante bobagens, coisas acidentais, detalhes mínimos sem a menor importância. Vejo nas empresas pessoas preocupadas em agradar chefes e patrões absolutamente impossíveis de serem agradados. Sempre há alguma coisa errada que os tira do sério, que os aborrece, que os irrita profundamente. "Já falei que não gosto da cor desta xícara" ouvi um diretor dizendo ríspido à moça que lhe servia café.

Essas pessoas que se irritam com pequenas coisas, no trabalho, em casa ou seja onde for, devem prestar mais atenção a esse seu comportamento para tentar modificá-lo. Elas precisam perceber que essa sua irritação com coisas acidentais também irrita as pessoas. Além de tudo, esse comportamento denota uma personalidade insegura, dependente e carente afetivamente, segundo me explicou um psiquiatra. É preciso enfrentar essas irritações impulsivas por pequenas coisas, parar e refletir na importância e no valor daquilo pelo que se está ficando irritado(a). Muitas vezes, nem nos damos conta de nossa constante irritação.

Ouvi um relato de proprietários de salões de beleza dizendo que o seu maior problema é lidar com a irritação de suas clientes por pequenas coisas. "Tudo as irrita", me disse um dos proprietários. "As pessoas hoje parecem estar com os nervos à flor da pele e se irritam facilmente", me disse um diretor de hospital referindo-se à impaciência e irritação das pessoas.

É claro que há muitos motivos reais para nos irritarmos. O que estou querendo chamar a atenção neste texto é para o cuidado que devemos ter para não cairmos no ridículo de nos irritar por pequenas coisas sem importância. Se aprendermos a controlar nossa irritação com pequenas coisas, com certeza teremos uma vida mais saudável e ambientes menos tensos.

52

**O ambiente de trabalho e o próprio mundo
estão cada dia mais rudes, menos gentis,
com pessoas irritadas. O que fazer?**

De repente, num mesmo tempo, inúmeras pessoas falam do mesmo tema, reclamam das mesmas coisas. O assunto parece se repetir de roda em roda, de ambiente em ambiente. Nunca ouvi tanta reclamação e mesmo indignação com a falta de educação, de gentileza, de polidez das pessoas, como nos últimos tempos.

A grosseria, a falta de educação, a insensibilidade pelo outro parece não ter limites no mundo de hoje, disse-me em tom de desespero um diretor de uma grande empresa. As pessoas perderam completamente a noção de civilidade, afirmou uma senhora, já cansada de tanta malcriação e grosseria por parte de balconistas, funcionários e gerentes.

No trânsito, nem é bom falar. Pessoas "fecham" você sem a menor cerimônia para pegar a vaga do estacionamento do supermercado. Ninguém dá passagem para ninguém. Ser educado e gentil virou sinônimo de ser bobo e idiota, no mundo de hoje, desabafou um policial ao atender a mais um acidente de trânsito causado pela falta de paciência, de polidez, de educação, de gentileza. "Vivemos uma guerra no trânsito", disseme ele. E a grosseria permeia todos os ambientes. Em casa, no trabalho, nos lugares públicos, ninguém mais respeita pertences pessoais. As palavras "com licença", "por favor", "obrigado" e "desculpe-me" caíram em absoluto desuso. Onde iremos parar?

A falta de polidez, de educação, de gentileza é um dos fatores que mais degradam a vida humana e os ambientes. A qualidade de vida cai ao nível mais baixo possível quando as pessoas não se respeitam. Desde o modo de falar, de se trajar, de se comportar, tudo hoje faz transparecer a falta de civilidade, de respeito ao outro, de educação, daquela educação de berço, de casa, básica, elementar, que parece ter desaparecido da face da terra.

É preciso, com urgência, reinventar a gentileza, a educação, a polidez. Ou todos nós fazemos enorme campanha permanente pela gentileza (começando por nós mesmos) ou perderemos todos e nos transformaremos em animais irracionais que por não conseguirem se expressar pela fala ou brigam ou fogem.

É preciso lembrar que somos humanos, seres especiais, dotados de habilidade verbal e consciência do outro. É preciso, com urgência, construir um mundo mais gentil.

Faça a sua parte!

53

Como fazer com a poluição sonora que temos no mundo moderno? Existe alguma chance de reinventarmos o silêncio?

Tenho me lembrado muito da cantora Rita Lee que em *Jardins da Babilônia* diz: "pra pedir silêncio eu berro...", pois nunca sentimos tanta falta do silêncio, da calma, de ambientes que favoreçam a concentração, o diálogo sereno, o prestar atenção. Vivemos numa verdadeira ditadura do barulho. Fala-se alto demais! Grita-se muito!

Crianças gritam para serem ouvidas. Pais gritam para serem atendidos. Clientes gritam para reclamar e atendentes gritam para responder. Parece que vivemos numa sociedade de surdos. Desaprendemos o silêncio, a calma, o falar baixo. Vamos a um restaurante e não podemos conversar. A tal música de fundo, que invadiu o mundo contemporâneo, é tão alta que impede o diálogo. As pessoas da mesa ao lado gritam umas com as outras e riem alto sem a menor consideração com seus vizinhos. No avião e no ônibus é a mesma coisa. Pessoas gritam para seus colegas de assento e todos têm que ouvir o que não interessa saber. A impressão que me dá é que todos querem ser celebridades públicas ou pensam estar num palco de teatro falando para uma plateia.

Repare que o barulho dos carros, das motos, das músicas, das conversas, está a cada dia mais elevado sem que nos apercebamos disso. Pessoas falam alto ao celular em qualquer lugar, até em cinemas, salas de aula e igrejas. Crianças desaprenderam o falar baixo. Jovens estudam com a TV ligada. Mães falam alto demais com seus filhos, que por sua vez respondem no mais alto volume possível. Outro dia, ao entrar numa casa de família, fiquei horrorizado com tanto barulho, gritaria, televisão e rádio, ligados em alto volume e todos gritando para serem ouvidos ao mesmo tempo. Qual a qualidade de vida dessa família?

Na empresa é a mesma coisa. Todos falam alto demais ao telefone, com seus colegas, e a poluição sonora toma conta do ambiente, o que faz com que as pessoas não consigam ter foco no que estejam fazendo. Muito do retrabalho, dos erros, das desatenções é ocasionado pela falta do necessário silêncio que favorece a concentração. O próprio fato de todos trabalharem juntos na mesma sala, sem um código de ética em relação ao barulho excessivo, faz com que as pessoas não consigam prestar atenção, gerando problemas sérios de qualidade e produtividade. Ninguém mais ouve. Todos querem falar e falar alto.

É preciso reinventar o silêncio. É preciso baixar o volume, respeitar o outro, parar de gritar. Leve essa ideia para sua casa, seus amigos, seu trabalho e reaprenda a ouvir você mesmo, através do precioso silêncio.

Vejam o e-mail que recebi de um leitor:

Gostaria de pedir que comentasse em suas mensagens semanais a questão de falar alto ao telefone, principalmente assuntos particulares. Trabalhamos próximos uns dos outros (creio que a maioria dos escritórios atualmente são assim) e ouvir questões particulares é muito constrangedor, principalmente 'briga' entre casais. Caso vissem algo escrito por você, quem sabe as pessoas 'se tocariam'.

A mensagem nem precisaria de comentário adicional. É inacreditável que existam pessoas que perderam totalmente a noção do que seja um espaço público, principalmente um ambiente de trabalho. Não têm o menor respeito às pessoas que estão a seu lado ou a sua frente. Falam alto demais! São espaçosas e inoportunas sem nenhum constrangimento. Pelo contrário, quem se sente constrangido é quem se vê obrigado a assistir a esses espetáculos de falta de educação e respeito. Como disse o leitor, elas "não se tocam". Vivem sob a absurda alegação de que os incomodados é que devem se retirar.

Falar baixo, não tratar de assuntos pessoais na frente de estranhos, respeitar a privacidade alheia, são comportamentos mínimos de civilidade e educação que precisam ser restaurados no mundo atual. A falta de educação, de civilidade, está tornando o ambiente de trabalho inóspito com sérias consequências para a qualidade, a produtividade e as relações entre as pessoas, com claras consequências negativas para clientes, fornecedores e mesmo para a imagem das empresas em suas comunidades.

Vamos aproveitar a mensagem enviada por nosso leitor e fazer um exame de consciência sobre o nosso comportamento.

PENSE NISSO:

Todos nós somos responsáveis pelo ambiente de trabalho. Nele passamos as melhores horas de cada dia e os melhores anos de nossas vidas.
Vamos fazer um pacto de civilidade e educação e todos nós sairemos ganhando.

54

Como viver num mundo com tanta informação?

O que fazer com tanta informação? Será que o mundo está realmente pior ou é a disponibilidade de informação instantânea que nos dá essa sensação? Como viver num mundo informacional sem nos desesperar?

O ser humano é o mesmo de 150 mil anos atrás. Não há homem ou mulher modelo novo com cinco braços, doze pernas ou mais neurônios. A verdade é que nunca tivemos tanta mudança tecnológica e tanta informação ao mesmo tempo.

Ouvi um estudioso dizer que a maior mudança revolucionária do mundo nos últimos anos não foi o fim da União Soviética, nem o 11 de setembro, nem a chegada do homem à lua. Foi o mundo ter passado de quatro milhões de celulares em 1990 para sete bilhões em 2014. Estamos todos conectados individualmente, e os smartphones nos fizeram ser flecha e alvo de milhares de informações instantâneas a cada minuto. O desafio é saber conviver com tudo isso sem perder o senso da nossa realidade concreta do dia a dia, ali onde vivemos, onde trabalhamos, onde estamos.

É muita tecnologia e muita informação disponível, mas o cliente continua querendo ser atendido por alguém que resolva o seu problema; o filho continua precisando de um pai e de uma mãe que conversem com ele pessoalmente e não só virtualmente; temos que comer e beber todos os dias alimentos saudáveis e não virtuais, que devem ser preparados por alguém de carne e osso, queremos ser amados por uma pessoa e não por um smartphone. Muita gente se esqueceu disso tudo. Que por mais tecnologia e informação que tenhamos, o ser humano continua sendo o mesmo carente de atenção e afeto, de reconhecimento e respeito e de tudo o que englobamos no verbo amar.

Saber filtrar a informação com consciência crítica e usar a tecnologia a nosso favor é sabedoria que temos que conquistar para não nos perdermos num mundo irreal, desumano, em que todos seremos hipermodernos, tecnológicos, mas infelizes.

Como bem me escreveu um leitor:

A ferramenta WhatsApp é excelente, facilita a comunicação, a interação e o compartilhamento de momentos felizes (fotos e vídeos) para pessoas que estão distantes,

porém diz ele: Muitos grupos de WhatsApp,
principalmente nas empresas, têm tido um
efeito contrário.

É preciso ter muito cuidado com mensagens escritas, pois o que escrevemos chega de forma impessoal ao destinatário. Só mesmo escritores muito hábeis são capazes de passar a exata emoção naquilo que escrevem. Assim, quase sempre, a pessoa que nos lê numa mensagem digital, não reconhece a emoção que está por trás da mensagem e isso faz com que haja muitas interpretações equivocadas que têm provocado muita confusão.

Os funcionários de muitas empresas têm criado, espontaneamente, grupos de WhatsApp para facilitar a comunicação entre eles. No entanto, além das equivocadas interpretações, algumas atitudes antiéticas estão ocorrendo com frequência. É o caso de pessoas que mandam mensagens ou expõem pessoas a todo o grupo, quando o correto teria sido dar esse feedback diretamente à pessoa. Essa falta de bom senso no uso do WhatsApp e mesmo de e-mails ou outras ferramentas digitais está criando situações de constrangimento, com possíveis efeitos jurídicos nocivos para pessoas e empresas.

O importante é termos consciência de que novas tecnologias alteram a forma de relacionamento entre as pessoas e mudam a própria forma de viver.

Desde a invenção do automóvel, do telefone, da televisão, do fax, do computador, do smartphone etc., nossa vida tem mudado numa velocidade nunca antes experimentada pelo ser humano. Ao mesmo tempo em que o progresso nos traz enormes vantagens, é preciso saber utilizar as novas tecnologias. Elas não são boas ou más em si. Seu uso é que as torna mais ou menos benéficas.

Assim, antes de entrar de cabeça no uso de novas tecnologias, pense em como fará esse uso e tome muito cuidado com o que escrever ou postar digitalmente, pois uma vez escrito ou postado, só restará a você corrigir possíveis mal-entendidos e estragos.

55

A falta de participação, de presença física dos líderes nas atividades da empresa, é mesmo comum? Essa ausência é muito desmotivadora?

Ao visitar uma premiada empresa ficamos conhecendo os inúmeros projetos que realiza e que a coloca entre as 10 melhores empresas para trabalhar, na América Latina.

É claro que são muitas as razões de sucesso daquela empresa. Mas, uma nos chamou muito a atenção: o presidente, os diretores e os membros da família proprietária participam dos inúmeros eventos anuais, do começo ao fim. Sejam cursos, premiações, festas etc. Eles estão sempre presentes. Participam, ouvem, dão sugestões e respeitam as opiniões dos colaboradores. Essa presença, do começo ao fim, atribui aos eventos um prestígio muito grande, o que de certa forma "obriga" a ativa participação de todos os colaboradores.

Pode parecer uma bobagem, mas a simples presença do dono, dos dirigentes principais, e até dos acionistas faz uma enorme diferença. Se essas pessoas vão e estão lá é porque atribuem importância ao evento e isso dá prestígio a todo o corpo de colaboradores.

Conheço muitas empresas em que os dirigentes principais pouco participam, ou aparecem apenas para dizer que estiveram no local por alguns minutos e logo se vão. Sempre têm uma coisa mais importante para fazer. Isso dá aos colaboradores a sensação clara de desprestígio.

Muitos me dirão ser impossível participar de todos os eventos. Concordo. Mas, os dirigentes principais devem eleger alguns muitos eventos para participar, para estar presentes. O que tenho percebido é uma grande ausência, principalmente em eventos que ocorrem em finais de semana ou fora do horário de expediente. Há ainda os que dizem não ir para não tirar a liberdade de seus colaboradores. Ora, isso não passa de uma bela desculpa para não participar. Sei também que estar presente e participar do começo ao fim dá trabalho, cansa. Mas, os dirigentes devem lembrar que isso faz parte de uma liderança eficaz.

56

Como encontrar gente boa para trabalhar?

Todos nós sabemos que sem gente excelente em nossa empresa não venceremos os desafios de um mundo competitivo como este em que vivemos, onde temos muitos concorrentes, com qualidade cada vez mais semelhante à nossa e preços cada vez mais iguais aos nossos.

O desafio, portanto, é encontrar gente boa e transformar essas pessoas boas em excelentes. Onde encontrar?

Em primeiro lugar me responda: gente boa está empregada ou desempregada? E a resposta será que a maioria está empregada. Então, onde encontrar? E aí vem o desafio.

O nosso problema, portanto, parece estar no recrutamento de pessoas. Recrutar é achar, encontrar. Depois de encontrar pessoas é que vou selecioná-las. E, na maioria das vezes, nossas empresas são muito falhas no recrutar, no buscar, no encontrar pessoas boas.

As empresas terceirizadas de recrutamento e seleção só poderão fazer um bom trabalho se tiverem a participação ativa e comprometida de seus clientes. Elas não conseguem fazer milagres. Assim, é preciso que haja comprometimento de toda a empresa para encontrar gente boa, com o auxílio de empresas especializadas, mas não deixando toda a responsabilidade a essa última, sem nenhum compromisso. Para encontrar gente boa é preciso que toda a empresa, sem exceção, esteja comprometida com essa difícil tarefa.

Assim, ao encontrar alguém que você veja que tem as características que sua empresa necessita, pegue seu nome e contato e encaminhe ao setor competente. Não tenha medo da competição ou da concorrência. Quanto mais gente excelente você tiver em sua empresa, mais garantido estará o seu emprego, pois sua empresa terá mais sucesso e crescerá. E não se esqueça também de buscar gente boa dentro de sua própria empresa. Há pessoas boas que podem estar mal aproveitadas ou mesmo infelizes onde estão por um simples problema de adaptação à função ou mesmo ao estilo de chefia de alguém. Pense em recrutar melhor para que possa ter melhores pessoas para selecionar. Depois, não se esqueça de treiná-las muito para que sejam realmente excelentes.

57

É possível respeitar a vocação de cada pessoa no mundo de hoje?

A palavra "vocação" vem do latim *vocare* que quer dizer "chamar". O verbo *vocare*, que nos deu inúmeras outras palavras e verbos: *convocar, advogado, vocábulo, equivocado, provocar* etc., e mesmo a palavra "voz", com a qual chamamos alguém. Assim, quando falamos de vocação estamos falando de um chamado ou mesmo de ouvir a própria voz (interna) que nos diz o que queremos e o que devemos fazer.

Se prestarmos atenção às pessoas e à nossa própria vida, sem dúvida, veremos claramente que cada pessoa tem mesmo uma vocação. Tem algo para o qual parece ter sido chamada. E se prestarmos mais atenção veremos que as pessoas mais felizes e de mais sucesso são aquelas que seguiram sua vocação, seu chamado. E prestando ainda um pouco mais de atenção, veremos que há pessoas infelizes que parecem lutar contra a sua própria vocação. Parece mesmo que elas não veem o que todos parecem ver e não conseguem, como bem dizemos, encontrar a sua vocação. Veja que as palavras são sábias: falamos em "encontrar" a vocação, ou seja, ela já existe. O que é preciso é que cada um busque a sua vocação (aquilo para o qual foi chamado) para ser feliz. Vejo pessoas felizes que, seguindo sua vocação e através de uma profissão simples, fazem enorme diferença na construção de um mundo melhor. Não existe, portanto, trabalho menos digno ou mais digno, desde que seja honesto e virtuoso. Vejo artesãos, músicos, garçons, professores, donas de casa, mães, cuidadoras, enfermeiras e "simples serviçais" que têm enorme respeito de todos com quem convivem, pela atenção e competência com que se dedicam ao que fazem, sempre com atitude de servir, de fazer o bem, de ser uma pessoa que dignifica a vida.

É preciso não ter preconceitos com a nossa verdadeira vocação e não deixar que por conta de palpites errados ou maus conselhos deixemos de segui-la. Infelizmente, vejo pessoas que por medo de assumir sua verdadeira vocação foram em busca do dinheiro e de bens materiais. Hoje, amarguradas e tristes dariam tudo o que têm para se sentirem felizes.

Qual é sua verdadeira vocação? Pense no seu chamado. Acredite e pise fundo!

58

A confiança é uma virtude? Qual o seu papel no ambiente de trabalho? Quem tem a maior virtude: você por ser confiável ou eu por confiar em você?

A pergunta acima é a base do relacionamento entre as pessoas. Veja que ela é difícil de ser respondida exatamente porque as duas partes têm que ter a virtude da confiança para que um relacionamento seja realmente possível e duradouro. Você tem que ser confiável, mas eu também preciso confiar. Confiança exige crédito, que vem de acreditar, novamente, confiar. Sem confiança, todo o relacionamento humano se rompe.

E se você pensar bem, quase tudo o fazemos exige confiança. O empregador confia que o trabalhador cumpra suas tarefas, e o empregado confia que o patrão cumpra suas obrigações e o respeite como ser humano. O aluno confia que a escola lhe dê uma educação de valor, e os professores confiam que os alunos façam a sua parte estudando, participando e se interessando por aprender.

É assim em tudo na vida. Pensem num casamento. Pensem nos filhos. Quanto um filho tem que confiar em seus pais, e quanto os pais têm que confiar em seus filhos! Sem confiança é impossível imaginar instituições sociais sólidas e perenes. Quando você contrata um serviço confia que o prestador irá entregar o que foi contratado. Até mesmo quando votamos, confiamos que aquele que escolhemos irá cumprir com sua palavra e com suas promessas.

Assim, as perguntas que temos que nos fazer constantemente são: sou confiável? As pessoas podem realmente confiar em mim? Cumpro a minha palavra? Cumpro minhas obrigações? Cumpro horários e prazos? Ajudo? Colaboro? Participo? Faço mais do que a simples obrigação? Sou uma pessoa realmente honesta e ética? E ainda: confio nas pessoas? Perdoo? Ajudo as pessoas a serem mais confiáveis? Lembre-se que sem confiança os relacionamentos humanos, pessoais ou comerciais não podem dar certo. É preciso ser confiável e confiar.

Sem confiança é impossível imaginar instituições sociais sólidas e perenes.

59

Onde colocar a nossa felicidade?

Muitas pessoas se acham infelizes porque só veem a felicidade no futuro. Vejo pessoas que dizem o tempo todo: "no dia em que me aposentar, daí sim..."; "no dia em que conseguir fazer aquela viagem, daí sim..."; "no dia em que meus filhos crescerem, daí sim..."; "quando eu for promovido(a)..."; "no dia em que eu conseguir pagar todas as dívidas, daí sim..." etc.

Repare que a maioria das pessoas sempre coloca a felicidade no passado ou no futuro e nunca no presente. Por quê?

Será que precisamos aprender a dar valor ao momento presente e ao que temos? Será que precisamos prestar mais atenção às bênçãos que recebemos todos os dias – nossa saúde, nossa família, nosso trabalho? Será que não estamos muito centrados em nós mesmos em vez de ter uma atitude de servir, de ajudar, de olhar para os que têm muito menos que nós? Sei que estas coisas são mais fáceis de dizer do que de fazer.

Muitas pessoas me dirão que não conheço suas reais dificuldades e que para mim é fácil dizer tudo isso. A verdade é que todos nós temos problemas e, às vezes, problemas sérios e graves. Mas é preciso não perder a coragem de enfrentá-los. É preciso nunca perder a esperança dada pela fé e alimentada pela caridade, pela ajuda aos que têm menos condições do que nós. E você sabe que há e haverá sempre pessoas mais carentes, mais necessitadas, mais doentes, mais pobres do que nós. É preciso encarar essa realidade e fazer um esforço para que paremos de ter dó de nós próprios como se, de fato, fôssemos as pessoas mais infelizes do mundo.

É claro que temos que lutar para mudar o que deve ser mudado. É claro que não devemos nos acomodar. Mas, é justamente nessa luta diária, no meio do mundo real, enfrentando os problemas, que temos que buscar a felicidade.

60

O que falar sobre o que se chama "Cultura do Descarte"?

Tenho recebido mensagens com uma séria preocupação com a chamada "Cultura do Descarte" que temos visto em nossos dias. Até mesmo o Papa vem denunciando essa tendência da sociedade contemporânea.

Tudo e mesmo todos somos descartáveis. Desde a banalização do aborto, onde se descarta a vida humana, até o consumo desenfreado onde nada mais tem valor, a não ser quando substituído por um novo, tudo é medido somente pela sua utilidade imediata, quase sempre vinculada ao prazer ou à satisfação de desejos incontrolados.

Crianças são descartadas e terceirizadas logo nos primeiros meses, colocadas em creches ou sob o cuidado de pessoas pouco capacitadas. Velhos são descartados em "casas de repouso". Todos estão muito ocupados e têm que trabalhar mais, para ganhar mais, para consumir mais e para descartar mais...

Adolescentes e jovens descartados nas ruas sem emprego. Isso em todo o mundo que chamamos de civilizado.

Na empresa, os mais velhos e experientes são descartados como se fosse proibido envelhecer e como se sua experiência nada valesse a não ser como um obstáculo ao novo, ao mais moderno, ao último modelo.

Faça uma reflexão sobre tudo isso. Será que não estamos realmente construindo e desenvolvendo uma sociedade do descarte? E será que não acabaremos por pagar um preço muito alto por isso? Será que esse apelo pela eterna juventude não está apenas nos fazendo mais infelizes? Será que a experiência dos mais velhos nada vale para ajudar a solucionar os problemas de hoje? Você já pensou em quando também será descartado?

Muitos me dirão que este texto nada tem de "motivação". Quero lembrar que motivação são os motivos que me fazem mudar meu comportamento. Motivação não é emoção. Motivação é o que sobra, depois de passada a emoção.

61

Quando mudar e quando não mudar?

Num mundo em que só se fala em mudança, muitas vezes é preciso ter a coragem de não mudar. Vejo com espanto e tristeza mudanças sendo feitas sem necessidade alguma. Mudar só para dizer que mudou ou para parecer ser moderno é uma grande besteira. Mudar para pior, então, é mediocridade! E quantas vezes vemos produtos e serviços, marcas e embalagens mudando para pior?

É preciso ter muita coragem para não dar ouvidos a maus conselheiros que nos querem fazer mudar quando, na verdade, sabemos que não devemos, ou simplesmente estamos muito bem sem mudar. É preciso coragem para não se deixar levar por pessoas que, na verdade, querem mesmo é se aproveitar de nós, propondo mudanças desnecessárias.

É preciso ter juízo crítico e tomar cuidado para não pensar que quem não muda é antigo, retrógrado, fora do tempo. Nem sempre. Às vezes, quem muda muito é que demonstra ausência de uma personalidade forte e de um caráter decidido. Quem muda muito é que dá a impressão de "Maria vai com as outras" como se diz no interior. Vejo mulheres que mudam de cortes e cores de cabelo, penteados e unhas e pessoas em geral que mudam tanto que se tornam irreconhecíveis de tantas plásticas, botox etc. Se acham modernas e atuais sem perceber que estão, na verdade fazendo uma verdadeira desconstrução de sua imagem.

Vejo empresas que alteram produtos de sucesso, embalagens vencedoras, slogans e logomarcas, sem nenhuma necessidade, só para satisfazer o ego de publicitários. Vejo pessoas mudando de emprego simplesmente porque estão há alguns anos na mesma empresa e mudam para um emprego pior, onde terão que recomeçar sua carreira. Vejo pessoas que mudam até de profissão e com isso não permitem que o mercado as reconheçam. Mudam por mudar. Mudam por não pensar com a própria cabeça.

Antes de mudar, pense se você realmente deseja aquela mudança e se ela deve ser feita. Não acredite em mudar por mudar. Não vá pela conversa dos outros, pois a vítima será sempre você.

62

Qual o papel da autoestima no sucesso pessoal e profissional?

É incrivelmente grande o número de pessoas que sofrem com a baixa autoestima. A autoestima alta ou baixa é consequência dos juízos que a pessoa faz de si mesma. Nathaniel Branden definiu a autoestima como "a experiência de ser competente para lidar com os desafios básicos da vida e ser digno da felicidade". Ela é consequência do julgamento implícito que cada pessoa tem da sua capacidade de enfrentar os desafios da vida, para compreender e resolver problemas e o direito de alcançar a felicidade e ser respeitada. Sem uma autoestima elevada é quase impossível se obter sucesso em qualquer setor da atividade humana.

A baixa autoestima, segundo os mais prestigiados autores, pode ter inúmeras causas e não vamos aqui nos ater a elas. A pergunta que nos interessa é: como conseguir e manter uma autoestima elevada?

Algumas pequenas atitudes e comportamentos podem ajudar e muito. Aqui vão três:

1 – Procure fazer tudo com sentimento de perfeição, com atenção aos detalhes

Quando fazemos alguma coisa com atenção e cuidado sentimos um genuíno orgulho de nós mesmos. Mesmo quando não recebemos um esperado elogio, ao olharmos para uma obra que fizemos com perfeição nossa autoestima aumenta.

2 – Desenvolva um sentimento de gratidão

Quando desenvolvemos em nós o hábito de agradecer, nossa autoestima também aumenta. Desenvolva esse hábito. Agradeça sempre, principalmente às pessoas simples do cotidiano que anonimamente cuidam de nosso bem-estar em casa ou no trabalho. Agradeça aos amigos e também àqueles que o desafiam a ser melhor por criticarem você.

3 – Seja uma pessoa gentil, polida e educada

Nada está mais fora de moda do que a falta de cortesia, de educação, de gentileza e de polidez. Vivemos no mundo do "sai daí" em vez do "com licença". Por isso mesmo, quando você vai contra essa corrente e diz inúmeras vezes "com licença"; "por favor"; "obrigado" e "me desculpe", sua autoestima também melhorará. Você passará a ter um certo orgulho de ser capaz de fazer o que ninguém faz e de ser diferente.

São três coisas simples, bobas até, mas que farão com que você se destaque da massa, da multidão que faz as coisas pela metade, que não tem sentimento de gratidão e que é de uma grosseria de meter medo em seres humanos mais civilizados. Sendo diferente, você será reconhecido como alguém especial e sua autoestima aumentará. E se você se dispuser a fazer melhor a cada dia, terá descoberto uma das grandes razões do sucesso pessoal e profissional.

63

Há pessoas que buscam mesmo uma saída mágica para seus problemas. Existe saída mágica?

Muitos de nós queremos encontrar uma saída mágica para nossos problemas. Em vez de enfrentarmos a dura verdade de que somos os únicos responsáveis por resolvê-los, buscamos uma saída mágica, milagrosa, que aconteça independentemente de nosso esforço. E com isso, muitas vezes, aumentamos o problema, deixando-o crescer até o ponto do desespero.

Conheço pessoas que querem resolver seus problemas culpando outras pessoas. Colocam em suas mentes que os outros é que foram os responsáveis e, portanto, devem resolvê-los, e não elas mesmas. Às vezes, cometemos erros (pequenos ou grandes) que trarão consequências muitos anos depois. Às vezes, mesmo por omissão nossa, criamos problemas que agora nos atormentam e, em vez de enfrentá-los com a consciência de que erramos, ficamos com raiva de nós mesmos e novamente buscamos uma saída mágica.

"Alguém vai ter que pagar por isso" me disse uma empresária ao se deparar com problemas que ela mesma criou no passado.

Ocorre também que pessoas em quem muito confiamos nos traem. Quantos empresários são vítimas de empregados desonestos em quem depositavam total confiança? Quantos empregados também se veem abandonados por patrões numa hora de extrema necessidade? Quantas pessoas que se diziam nossas amigas de repente mostram sua verdadeira face de falsidade?

O que fazer? Novamente não esperar nenhuma saída mágica. É enfrentar a verdade da vida e assumir a realidade de que teremos, muitas vezes, que recomeçar, trabalhar dobrado, rever nossos antigos planos. E tudo isso sem jogar a toalha, sem perder a crença no ser humano, sem perder o entusiasmo pela vida, pois como dizia Churchill, "Sucesso é a habilidade de passar de fracasso em fracasso sem perder o entusiasmo". E é nessas horas que você irá descobrir que o seu Deus estará sempre ao seu lado e muitas vezes só Ele estará disponível para lhe ouvir e lhe dar forças para continuar lutando.

Esqueça as saídas mágicas. Assuma seus erros e recomece, sem perder o entusiasmo.

64

Como ser simples, num mundo complexo?

Entro numa loja e vejo um cartaz dizendo: **Seja chic. Seja simples.**
Perguntei ao comerciante de onde ele tinha tirado aquela ideia e ele me disse que depois que o Papa andou de carro simples, tomou chimarrão do povo e andou com a janela do carro aberta o tempo todo abraçando crianças e velhos, a simplicidade virou chic. Cafona agora é querer privilégios e fazer ostentação, disse-me ele.

Fiquei pensando no que falou o dono daquela loja e conversei com muitas pessoas a respeito. Todas me disseram ter a mesma sensação. Ostentar, usar coisas caras, exigir privilégios, ter carrões etc., virou coisa de "novo rico" e, portanto, fora de moda, fora do tempo. A moda agora é ser simples.

E ser simples não significa não querer coisas de boa qualidade, nem viver na penúria. Ser simples é dar valor às pequenas coisas e aos pequenos gestos que o mundo de hoje esqueceu. É respeitar as pessoas pelo que elas são e não pelo que possuem de bens materiais. É acabar com a arrogância, com a presunção. Ser simples é ser normal, sem afetação, sem se deixar dominar por desejos de aparecer, de ser aplaudido, de estar sempre nos holofotes.

Ser simples é reaprender a curtir a natureza em toda a sua exuberância. É reaprender a olhar nos olhos das pessoas quando falar com elas; ser educado com pessoas simples, balconistas, garçons, motoristas de ônibus etc. Ser simples é não perder a calma quando se é contrariado; falar baixo em lugares públicos; não falar mal dos outros. Enfim, ser simples é reaprender a ser gente.

E como seria bom se o mundo voltasse a ser povoado por gente normal e não por neuróticos cheios de vontade. Como seria bom se as pessoas voltassem a falar com licença, por favor, obrigado, me desculpe. Como seria bom se as pessoas reaprendessem a respeitar os mais velhos, a ter mais afeto com as crianças. Como seria bom se as pessoas reaprendessem a amar o próximo e a lembrar que somos todos iguais.

Lembre-se: o chic agora é ser simples!

65

No mundo de hoje, como pensar com nossa cabeça e agir de acordo com nossos princípios e não com a maioria que quer, muitas vezes, nos cooptar?

Para vencer nos dias de hoje, muitas vezes, é preciso ter a coragem de ir contra a corrente. Até o Papa disse isso.

É claro que não estou pregando a rebeldia inconsequente, a revolta sem fundamentos. O que quero dizer é que é preciso não se deixar levar por opiniões alheias, difundidas com insistência pela mídia, amigos ou grupos, sem ter uma consciência crítica e pensar se realmente concordamos com essas opiniões.

Ir contra a corrente é ser honesto num mundo onde tudo parece cheirar desonestidade e corrupção. Ser ético e verdadeiro.

Ir contra a corrente é ser alguém que ajuda seus colegas de trabalho, participa, se envolve e se compromete com o sucesso dos clientes, dos fornecedores, enfim, da empresa em que trabalha. É ser um empresário ou chefe que respeita as pessoas e os trata como verdadeiros seres humanos, dá exemplo de lealdade e justiça.

Ir contra a corrente hoje é estudar com seriedade, ler bons livros, ter disciplina para frequentar um bom curso para aprender e não só para ter um diploma. Ir contra a corrente é se preparar antes do casamento e depois ter uma família bem estruturada onde pai, mãe, filhos e parentes se reúnam, conversem, alimentem um amor desinteressado.

Ir contra a corrente é ser polido e educado; ser humilde e respeitoso; emprestar e devolver; cumprir seus deveres.

Ir contra a corrente é ter uma religião e participar dela buscando todos os dias corrigir seus defeitos, fazer o bem aos outros, ajudar os mais pobres, ter fé, esperança e caridade e lutar para aumentar essas virtudes em você mesmo, nas outras pessoas e no mundo.

Hoje ir contra a corrente é ter a coragem de enfrentar a realidade da vida, por mais dura e difícil que seja, sem se entregar ao uso de drogas que tiram você da realidade concreta, comprometem o seu futuro e o da sociedade.

Tenho a impressão clara de que no mundo de hoje é preciso ter muita coragem para ir contra a corrente que nos quer levar onde não queremos ir e fazer o que sabemos que é errado. Não se deixe levar pela corrente. Seja você o timoneiro de sua vida. Tenha a coragem de ir contra a corrente e pensar e agir por você mesmo.

66

Como desenvolver a virtude da paciência num mundo louco como o que vivemos?

Meu conselho é que você deve ser "impacientemente paciente". O que é isso? Isso significa que você não deve ter paciência com a sua falta de paciência. Significa que você deve lutar com todas as suas forças para ser a cada dia mais paciente, menos impaciente com tudo, menos com a sua falta de paciência.

Agora, entenda que ser paciente não é ser bobo ou boba. Ser paciente não é ser complacente. Menos ainda complacente com o erro, com a ausência de virtudes, com pessoas que não desejam se aperfeiçoar, assim como com trabalhos mal feitos.

Ser impacientemente paciente é dar tempo ao tempo quando precisa ser dado. Lembrar que o sucesso não ocorre de um dia para o outro e que deve ser construído todos os dias com dedicação, comprometimento e atenção aos detalhes. Ser impacientemente paciente significa lutar todos os dias contra os nossos pequenos defeitos e levantar novamente todas as vezes que erramos, lembrando que só não erra quem nada faz. Ser impacientemente paciente significa ter redobrada paciência para ensinar as pessoas, repetir conceitos até a exaustão, acreditar que as pessoas podem mudar e as desafiar para que elas mudem.

Vejo pessoas que não têm paciência. Querem tudo de uma só vez. E com isso desistem logo de suas empreitadas, jogam a toalha ao primeiro obstáculo, se irritam facilmente, tratam mal as pessoas que deveriam justamente ensinar com amor e atenção.

A paciência é uma das mais importantes virtudes a serem desenvolvidas pelas pessoas. Muitas vezes, ela é mal compreendida, confundida com passividade, com ausência de assertividade, com pura aceitação das coisas como são. Pelo contrário! A virtude da paciência tem tudo a ver com a virtude da perseverança, da fortaleza, do domínio da vontade. Uma pessoa paciente não desiste, não se entrega, não se acomoda, não se deixa levar. Ela não é conduzida. Ela conduz com paciência e sabedoria. E nada é mais ligado à virtude da paciência do que a sabedoria. Só os verdadeiramente sábios conseguem ter paciência.

67

Como vencer o abstracionismo do mundo de hoje?

Temos que tomar muito cuidado para viver de forma concreta e não abstrata. Muitas pessoas fogem da realidade concreta através do que chamo de "abstracionismo". Os perigos do abstracionismo é que podem levar as pessoas ao autoengano. Por exemplo: "Amo a humanidade". Minha pergunta é: O que faço por *uma* pessoa concreta? "Amo a juventude": O que faço por *um* jovem? "Amo a infância": O que faço por *uma* criança? É claro que existem políticas públicas de apoio à infância e juventude, mas é preciso descer ao concreto e ver como, de fato, as crianças e os jovens estão recebendo essas "políticas".

Da mesma forma na empresa. Muitos dizem: "Aqui os clientes estão em primeiro lugar", mas quando descemos à realidade de cada cliente vemos que concretamente as pessoas não são bem atendidas, nem estão em primeiro lugar. Assim, é fácil criar slogans, frases de efeito e pendurar cartazes nas paredes.

O difícil – e é para isso que estou querendo chamar a atenção neste texto – é fazer as coisas acontecerem concretamente.

Isso também acontece muitas vezes com o que chamamos abstratamente de "qualidade". Podemos dizer: "Nossa empresa tem qualidade excelente". A pergunta é saber como cada cliente sente essa qualidade concretamente ao utilizar nossos produtos ou serviços. Será que o que dizemos ou pensamos sobre a nossa qualidade se traduz, concretamente, em cada produto ou serviço que entregamos?

Vejo com pessoas e empresas que foram contaminadas por um vírus que em vez de matar, salva. Trata-se do vírus da qualidade, primo-irmão do vírus da excelência. Conheço pessoas e empresas que visivelmente foram contaminadas por esse vírus salvador. Tudo o que fazem, o fazem com extrema qualidade, atenção aos detalhes, com extremo respeito e consideração pelo outro, pelo cliente.

E esse vírus da qualidade tem um efeito secundário ainda mais espetacular: torna as pessoas contaminadas com mais longevidade e muito sucesso. Empresas contaminadas pelo vírus da qualidade passam de geração em geração e não deixam esse vírus sair de seus corpos. Pessoas contaminadas pelo vírus da qualidade têm mais amigos, são mais respeitadas, são mais queridas e obviamente têm mais sucesso em tudo o que fazem.

Deixar-se contaminar pelo vírus da qualidade é garantir que sua empresa será sempre lembrada e não dependerá de grandes verbas publicitárias, pois a qualidade é a garantia de que o seu cliente se transformará em seu vendedor ativo, e não há melhor publicidade que o testemunho de um cliente encantado. Deixe-se, portanto, antes que seja tarde, contaminar por esse vírus salvador: o vírus da qualidade.

Há pessoas que vivem buscando estrelas no céu, sonhando, vivendo num mundo que fingem existir e não no mundo que realmente existe. Há pessoas que vivem culpando os outros pelos problemas da humanidade, mas se esquecem de fazer a sua parte, pequena que seja, mas concreta para tornar esses problemas um pouco menores. Conheço pessoas que têm a solução teórica para todos os problemas do país, da cidade, da empresa, mas pouco fazem de concreto, elas mesmas, para mudar essa realidade. Gostaria que você pensasse se não está também sendo vítima de abstracionismo em vez de agir concretamente para mudar a realidade.

> *Há pessoas que vivem esperando que outros resolvam os seus problemas em vez de enfrentar a realidade concreta de que devem mudar o quanto antes sua forma de agir.*

68

Como vencer a ilusão de fazer só o que se gosta de fazer?

Conheço pessoas que têm a ilusão de poder fazer só o que gostam. Com essa ilusão vivem deixando para depois as coisas que realmente devem fazer. E aí não têm sucesso.

Temos que permanentemente nos perguntar: será que o que estou fazendo é o que devo fazer ou estou fazendo isso porque gosto de fazer?

Não há nada errado em se fazer o que gosta, mas é preciso ter consciência clara das coisas que devemos fazer e que temos que fazer, mesmo sem gostar. Nessas horas temos que nos empurrar para a frente e fazer o que deve ser feito, sem reclamar, sem murmurar, simplesmente fazer.

> *A ilusão de que a vida é fácil e de que não somos obrigados a fazer muitas coisas que não gostamos pode infelicitar as pessoas.*

É preciso ter autodomínio e controlar nossas emoções, nossa raiva, nosso desejo de desistir. O autodomínio é o segredo de pessoas de sucesso em longo prazo. Elas não fazem só o que gostam. Elas sabem que na vida temos que "engolir muitos sapos" para vencer. Isso não significa transigir em relação a valores éticos e morais. Temos que ter a coragem de dizer não quando um não deve ser dito. Temos que pautar nossa vida por valores elevados. O que quero dizer é que temos que dominar nossas emoções e nossa vontade e fazer o que temos que fazer e não viver postergando, deixando para depois as coisas que sabemos que devemos fazer. Esse é o autodomínio. Não podemos deixar a preguiça nos dominar, nem nos enganar fingindo que as coisas que devemos fazer não são importantes e podem ser deixadas para depois. Esse é um grande perigo. O perigo do autoengano pela preguiça, pela falta do domínio da vontade.

Pense em quantas coisas você faz num dia e que, se pudesse, não faria. Pense também nas consequências que sofreria se não tivesse feito as coisas que sabe que deveria fazer e fez. Pense também em quantas coisas você sabe que deveria ter feito e não fez. Tenha autodomínio!

69

Como não perder a consciência do passado quando se chega ao poder?

Você já reparou como há pessoas com memória fraca? Pessoas que não se lembram de seu passado quando eram simples, muitas vezes pobres? Pessoas que não se lembram das pessoas que as ajudaram a chegar onde estão? Pessoas que fazem questão de esquecer como agiam e hoje se tornaram críticas de coisas que faziam no passado?

Será que essas pessoas têm memória fraca ou realmente não querem se lembrar de seu passado?

Conheço pessoas arrogantes, soberbas, cheias de si; pessoas que humilham outras pessoas, principalmente as mais simples, exatamente porque se esqueceram ou não querem se lembrar de seu próprio passado.

Quando perdemos a consciência de nosso passado nos tornamos desumanos, ou seja, não humanos; nos tornamos máquinas impessoais, sem alma. E essa desumanização traz às pessoas e às empresas um enorme prejuízo.

Sem memória perdemos a noção do ridículo. Perdemos a humildade, isto é, deixamos de estar com os pés na terra (no húmus). Perdemos a consciência de nossa dependência das outras pessoas para vencer. Sem memória, muitas pessoas começam a se achar o centro do mundo, a medida das coisas, exigindo indevidos respeitos, exageradas reverências. Enfim, sem memória nos tornamos bobos, tolos, sem referência e objeto de desprezo.

Não podemos e não devemos ter vergonha de nosso passado e muito menos esquecê-lo. Pessoas de sucesso, líderes de sucesso sempre se lembraram muito bem de seu passado, de suas dificuldades e de suas vitórias e principalmente das pessoas que as ajudaram a vencer. Pessoas de sucesso são agradecidas pelos dons que receberam e pelas oportunidades que tiveram e sempre se acharam abençoadas e pouco merecedoras de tudo o que conquistaram. E é justamente essa humildade dada pela memória e respeito ao passado que as fazem vencedoras.

E você? Como é a sua memória?

70

Uma lista do que "não fazer" é mais importante do que uma de "fazer"?

Todas as pessoas que conheço têm o hábito de fazer e refazer uma lista de coisas a fazer. Muitas vezes, essa lista é tão extensa que dá desespero só de olhar. E sem conseguir cumprir com as demandas da tal lista, muitas pessoas se perdem em coisas acidentais, fazendo tudo o que não é essencial e postergando as coisas realmente importantes.

Para resolver esse frustrante problema, muitos especialistas em produtividade e administração do tempo dizem que a coisa mais útil que você pode criar é uma lista descrevendo o que *não fazer*. Ao tomar consciência de como gasta o seu tempo, você pode determinar quais atividades não produzem resultados de valor, quando comparados com o tempo e o esforço que elas exigem. Com essa lista do que *não fazer* você poderá começar a cortar os desperdiçadores de tempo de sua vida. Em seu best-seller **Empresas feitas para vencer** (Good to Great), Jim Collins reforça o valor de uma lista do tipo "pare-de-fazer".

Ao fazer esse exercício com empresas a quem prestamos consultoria, as pessoas declararam que com essa lista do que *não fazer* conseguiram melhorar muito a sua produtividade e focar nas coisas essenciais. Lembro-me bem de um executivo que colocou em primeiro lugar na sua lista: *Não abrir a caixa de e-mails logo pela manhã ao chegar no escritório e se concentrar nas coisas essenciais a fazer em primeiro lugar.* Só com isso, disse ele, sua vida melhorou muito! Outro, preocupado em equilibrar melhor sua vida profissional e sua vida familiar colocou: *Não levar documentos de trabalho para ler em minha casa. Vou me organizar para fazer isso no escritório.* E em seguida escreveu: *Não vou mais permitir que façam rodinhas de conversa em minha sala, pois isso rouba tempo das coisas essenciais que tenho que fazer.*

Decida seriamente fazer uma lista do que *não fazer* ou *deixar de fazer* e você ficará surpreso ao ver o tempo sobrar, a produtividade aumentar e sua vida ter mais qualidade.

71

Qual seria um bom conselho para não perder o foco?

Todos nós, profissionalmente, temos pontos fortes e pontos fracos. Temos coisas nas quais somos bons, temos facilidade e prazer em fazer, e coisas nas quais não somos bons, não temos facilidade e nem prazer em fazer. Ninguém consegue ser excelente em tudo.

O conselho é que você, profissionalmente, reforce seus pontos fortes e "terceirize" seus pontos fracos. Terceirizar significa deixar que outras pessoas façam aquilo que você não faz bem.

Reforçando seus pontos fortes, você de bom passará a ótimo e de ótimo a excelente. E será reconhecido por seus identificadores positivos – as coisas que faz bem e cada vez melhor. Muitas pessoas passam a vida toda lutando com seus pontos fracos tentando fazer coisas que não sentem prazer em fazer e nem mesmo têm habilidade para fazer. Assim, elas acabam reforçando seus pontos fracos em vez de reforçar seus pontos fortes. Essas pessoas têm a ilusão de querer ser excelentes em tudo e com isso, na verdade, acabam sendo "mais-ou-menos" em tudo, pois não reforçando seus pontos fortes, jamais serão excelentes naquilo em que já são boas.

É preciso ter a humildade de reconhecer nossas fraquezas profissionais e, obviamente, buscar sempre o nosso aperfeiçoamento. Mas, jamais podemos nos esquecer de reforçar nossos pontos fortes.

É claro que estou escrevendo isso tudo em relação à nossa vida profissional e não em relação à nossa vida pessoal, ao nosso comportamento. Não há desculpa alguma para que não corrijamos nossos defeitos, pequenos e grandes e demos toda a energia para nos livrar de nossos pontos fracos em nossa conduta, comportamento e atitudes.

O que quero dizer é que, profissionalmente, é preciso ter a sabedoria de deixar que outras pessoas façam aquilo que não sabemos fazer bem, ao mesmo tempo em que devemos reforçar em nós as coisas que fazemos bem. Aprenda, pois, a terceirizar seus pontos fracos.

72

O que fazer quando não se tem vontade suficiente para enfrentar os desafios do conhecimento nos dias de hoje?

Uma das principais características das pessoas de sucesso é que elas literalmente se empurram para a frente. A verdade é que elas se empurram para a frente em todas as circunstâncias. Elas leem mesmo sem ter vontade de ler. Estudam sem ter vontade de estudar. Cumprem seus compromissos mesmo quando não têm vontade de cumprir.

Elas forçam sua vontade. Dominam sua vontade. Elas não se deixam escravizar pelos caprichos de uma preguiça e não caem na tentação de deixar para depois. Elas fazem na hora o que deve ser feito. Elas se empurram para a frente!

Muitas pessoas de sucesso com quem conversei e para quem mostrei minha admiração pela capacidade que possuem de fazer as coisas, de empreender, de estar presentes, de participar, de se comprometer, me disseram, com toda a sinceridade e clareza, que se fosse somente pela disposição de ir, estar ou fazer, jamais fariam. Elas me confessaram que sentem preguiça; vontade de não ir; vontade de não fazer, mas que vencem essas preguiças e faltas de vontade simplesmente indo, fazendo. Ou seja, elas se empurram para a frente. Elas acordam cedo não porque não tenham sono ou porque detestem dormir ou ficar na cama. Elas, simplesmente, acordam cedo porque se empurram para fora da cama! A determinação de se empurrar para a frente quando a vontade e as demais pessoas querem empurrá-las para trás ou deixá-las paradas onde estão é o grande segredo do sucesso dos empreendedores, dos que fazem a diferença no mundo, na empresa e mesmo para outras pessoas.

Muitos de nós pensamos que pessoas vencedoras são pessoas de sorte e apenas sorte. Achamos que as coisas para elas são sempre fáceis e que elas têm uma vontade especial de fazer e empreender. A verdade porém é outra. Gostaria que você prestasse atenção às pessoas de sucesso de qualquer área de atividade e constatasse essa verdade. Elas se empurram para a frente. Elas vão. Elas não se acomodam. Elas se desafiam a todo instante para continuar caminhando e vencendo.

E você? Para onde você se empurra?

73

Professor, sabemos que precisamos mudar e que nossa empresa têm que mudar, mas estamos com muita dificuldade para saber o que fazer. Os meus mais de 40 anos de experiência não estão mais servindo para nada! Já passei por várias empresas e nunca senti tanta dificuldade em trabalhar com as pessoas como agora. O que fazer?

Numa reunião de empresários e executivos discutíamos que o passo da mudança é tão grande que não sabemos mais o que fazer, ou o que mudar. Mas uma coisa todos concordaram: *Não dá mais para fazer como sempre fizemos. Simplesmente não funciona mais!*

Até mesmo a forma de engajar pessoas, comprometer times, enfim liderar, mudou completamente, afirmaram eles. Isso sem falar nas mudanças geradas

> *A verdade é que os caminhos que nos trouxeram até aqui, até mesmo com sucesso, não são mais do mesmo tipo e espécie dos que nos poderão conduzir daqui para a frente.*

por novas tecnologias que nos tornam obsoletos com a mesma rapidez do ciclo de vida curto dos produtos.

Analisamos vários setores – varejo, energia, hotelaria, telecomunicações, bancos, alimentação, vestuário, veículos, indústria de transformação, saúde, educação e outros e em nenhum deles deixamos de enumerar mudanças radicais que ocorreram nos últimos anos e continuam a desafiar a nossa capacidade de aprender, mudar, inovar e de buscar caminhos ainda não desbravados. Qualquer pessoa que fique sem se atualizar em seu campo de atividade se transformará num dinossauro em poucos meses, afirmaram. E essa verdade não é válida apenas para empresários ou dirigentes, mas para qualquer pessoa.

Além disso, a quantidade de informação disponível exige de nós uma grande capacidade para selecionar onde investir nosso tempo para que frequentemos ambientes, trocando experiências relevantes com pessoas que agreguem valor ao nosso conhecimento, e não percamos tempo precioso em relacionamentos que nada agregarão ao nosso futuro. A gestão pessoal de nosso tempo e prioridades se tornaram ainda mais importante.

Enfim, com tantos desafios, com perguntas tão complexas e com a total ausência de respostas prontas, só nos resta deixar qualquer zona de conforto e mergulhar nessa nova realidade em que, a única certeza estável é a de que tudo vai mudar e continuará mudando. E a conclusão óbvia a que chegamos é que a era do conhecimento e da incerteza realmente chegou! E chegou para todos!

Pense nisso. Sucesso!

73+1

O leitor gostaria de fazer uma pergunta e quer saber como fazer para que eu responda?

A última pergunta deste pequeno livro é sua, caro leitor.

Pode fazer que eu tentarei responder.

Basta enviar a pergunta para: professor@marins.com.br

Pense nisso. Sucesso!

Luiz Almeida Marins Filho
21 de setembro de 1949

Antropólogo, estudou Antropologia na Austrália (*Macquarie University - School of Behavioural Sciences*), sob a orientação do renomado antropólogo do Ceilão (Sri-Lanka) Prof. Dr. Chandra Jayawardena e na Universidade de São Paulo (USP), sob a orientação da Profª Drª Thekla Hartmann.

Licenciado em História, estudou Direito, Contabilidade, Ciência Política, Negociação, Planejamento e Marketing, Antropologia Econômica e Macroeconomia e outros cursos em Universidades no Brasil e no exterior.

Professor da *Universidade Federal de São Carlos* (UFSCar, 1972-1982), lecionando Ecologia Humana e Antropologia. Foi o primeiro professor a implantar e lecionar a disciplina e o estudo de Ecologia Humana no Brasil - Estudos Ecológicos em Antropologia, em 1974-1975, época em que a Ecologia era pouco estudada nas universidades brasileiras; Professor da

Faculdade de Tecnologia de São Paulo, lecionando Humanidades (FATEC, SP - 1974-1977); Professor Titular da *Faculdade de Engenharia de Sorocaba* lecionando Ciências do Ambiente, (1977-1983); Professor Titular da *Universidade de Sorocaba*, lecionando Antropologia (1998-2000) e Professor Convidado em cursos de Pós-Graduação em Universidades e Faculdades no Brasil e no exterior.

Secretário de Educação e Saúde de Sorocaba (SP, 1977-1981), e Secretário de Coordenação e Planejamento de Sorocaba (SP, 1981-1983), implantou, em 1977, juntamente com técnicos de sua secretaria, o primeiro programa público de Educação Ambiental do Brasil, com programas para toda a população e elogiado pela *WWF - World Wildlife Foundation* - e que existe até os dias de hoje. Na mesma ocasião ajudou a fundar a Sociedade de Zoológicos do Brasil – SZB – que teve sua primeira sede em Sorocaba, SP.

Presidente das empresas *Consortium System* (Nova Iorque) e *Triangle Freightliner of Raleigh* (Carolina do Norte) nos Estados Unidos (1989-1995); e membro do conselho diretor da *Global Transport Traders. Reading, Pensilvânia*, EUA - 1990-1995);

Autor de 28 livros, publicados no Brasil e no exterior, e mais de 300 vídeos sobre Motivação, Planejamento, Marketing, Vendas e Gestão Empresarial.

Comentarista Empresarial e de Negócios da Rede Globo de Televisão – TV GloboNews, programa

LUIZ MARINS

Conta Corrente (1998-2000), tem atualmente o programa *Motivação & Sucesso com Professor Marins* na Rede Vida de Televisão e participação semanal como comentarista e consultor empresarial no programa *Show Business* na Rede Bandeirantes de Televisão.

Consultor e Conselheiro de empresas e organizações nacionais e internacionais desde 1984, através da *Anthropos Consulting*, tendo prestado serviços a dezenas de empresas nacionais e transnacionais dentre as 500 maiores empresas do Brasil.

Contato do Autor

professor@marins.com.br

Conheça as nossas mídias

www.twitter.com/integrare_edit
www.integrareeditora.com.br/blog
www.facebook.com/integrare
www.instagram.com/integrareeditora

www.integrareeditora.com.br